KB000921

처음 만나는 우니히피리

SITH호오포노포노 아시아 사무국
Address 5-16-3-502 Minamiaoyama, Minato-ku, Tokyo, Japan (Zip code 107-0062)
TEL +81-3-6712-6299
FAX +81-3-6712-6294
Homepage hooponopono-asia.org/www/kr
Facebook www.facebook.com/SithHooponoponoKorea/?ref=bookmarks
Instagram www.instagram.com/sith_hooponopono_korea
Kakao Freind ID hooponopono

처음 만나는 우니히피리

지은이 이하레아카라 휴렌 · KR 여사
옮긴이 조현희
펴낸이 최정심
펴낸곳 (주)GCC

초판 1쇄 발행 2019년 3월 2일
초판 2쇄 발행 2019년 3월 7일

출판신고 제406-2018-000082호
주소 10880 경기도 파주시 지목로 5
전화 (031) 8071-5700 팩스 (031) 8071-5200

ISBN 979-11-89432-94-2 03190

저자와 출판사의 허락 없이 내용의 일부를
인용하거나 발췌하는 것을 금합니다.

가격은 뒤표지에 있습니다.
잘못 만들어진 책은 구입처에서 바꾸어 드립니다.

www.nexusbook.com

안녕! 내 안의 진정한 나

처음 만나는
우니히피리

이하레아카라 휴렌·KR 여사 지음

조현희 옮김

Thank you.
I'm sorry.
Please forgive me.
I love you.

지식의숲

이 우주의 모든 정보를 모아 두고, 잠들지 않으며
언제나 당신을 나타내는 부분.
당신이 숨길 수 없는 유일한 상대.
너무나도 소중한 존재.
그것은 바로 당신의 잠재의식이며
내면의 아이, '우니히피리'입니다.

오늘, 지금, 이 순간 당신은 무엇을 느끼나요?
고독, 기쁨, 기대, 즐거움, 분노, 피곤함.
이러한 것은 사실 당신의 우니히피리가
끊임없이 재생하는 기억입니다.

괴로운 기억에서 벗어나는 방법은 오직 하나.
당신이 우니히피리를 돌보고 사랑하는 일입니다.
이는 당신 자신의 영혼을
소중하게 다루는 일이기도 합니다.

당신의 우니히피리에게 당신의 사랑이 닿을 때,
당신의 생명에 '자유'가 약속됩니다.
당신의 생활에 '풍요로움'이 약속됩니다.
당신이 표현하는 모든 것에 '창조성'이 약속됩니다.
각각의 문을 열어 주는 것은 우니히피리입니다.

자, 지금부터 당신의 삶에서
우니히피리와 함께하기를 바랍니다.
이것은 당신이 태어날 때 이미 당신에게 주어진
진정한 '당신다움'을 찾기 위한 시작입니다.

평화는 나로부터 시작한다.
이하레아카라 휴렌

그림_위스트 폰니밋 Wisut Ponnimit

우니히피리와
친해지면
알게 되는 것

깨닫게 되었어,

지금까지 나를 지켜 주던

너라는 존재를.

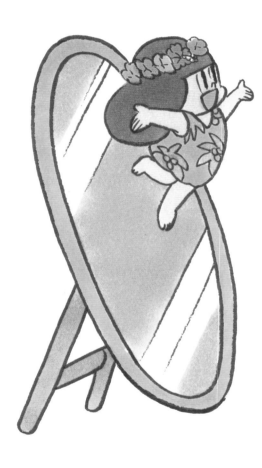

너는 우니히피리.

우니히피리라는 이름이 있지만, 또 다른 '나'.

내 안의 진정한 '나'.

우니히피리,

너와 친해지고 나서부터는

늘 편안해.

모든 일이 가장 적당한 때에 진행되고,

무슨 일이 일어나기 전에 알려 주며

정말 필요한 것이 찾아오지.

나의 새로운 재능을 깨달아

잘할 수 있는 일이 많아졌고,

다른 사람과도 더욱 사이가 좋아져서

하루하루가 새로워!

그래서

너와 함께 있으면 나는 평화롭고

너와 함께 있을 때의 내가 좋아.

우니히피리,

너의 존재를 알아차리지 못했을 때의 나는

계속해서 마주하는 문제들,

슬프거나 힘들거나 기분 나쁘고 화나는 일들이

너의 괴로움 그 자체였다는 사실을

깨닫지 못했어.

모든 것은 네가 보여 준 기억이고

네 괴로움은 나의 기억이라는 사실 말이야.

이제 괴로운 감정을 정화하는 법을 알았어.

고맙습니다.
미안합니다.
용서하세요.
사랑합니다.

네 마디로 정화하면
너와 나는 정말 사이가 좋아질 거야!

정화를 알게 된 것도 우니히피리 네 덕분이야.
고마워.

우니히피리,

너는 모습을 보여 줄 때도 있지만 보여 주지 않을 때도 있어.

이야기할 때가 있고, 그렇지 않을 때도 있어.

그렇지만 그런 건 큰 문제가 아니야.

이제 나는 있는 그대로의 모습으로

흘러가는 것도 안심이 돼.

그게 바로 너와 함께 있다는 증거겠지?

내 인생에서 가장 행운은

'내가 너'라는 사실이야.

그것은 '내가 나로 존재한다는 것'을 의미하니까!

내가 나답게 존재할수록

행복에 가까워져 가는 거야.

우니히피리는 누구나 마음속에 존재해.

우니히피리는 또 하나의 나니까.

사실 나를 찾는 건 이상한 일이야.

항상 함께 있으니 말이야.

모든 것은 자기 안에 있어.

이제 외로워져도 괜찮아.

내 안에 진정한 내가 있으니까.

CHAPTER 2

우니히피리와의 소통

CHAPTER 3
우니히피리와 만난 사람들

CHAPTER 4

결혼과 우니히피리

마치며

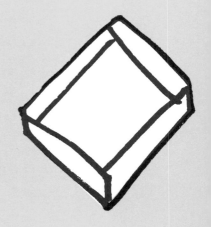

'우니히피리'라는 말을 들어 본 사람도 있고, 이 책에서 처음 접하는 사람도 있을 것입니다. 우니히피리는 하와이에서 전해 내려오는 문제 해결법 '호오포노포노'에서 빠질 수 없는 아주 중요한 존재입니다. 이 챕터에서는 우니히피리를 확실히 이해하기 위해 먼저 호오포노포노에 대해 알아보겠습니다.

우니히피리를 탄생시킨 호오포노포노

간단한 문제 해결법,
호오포노포노

이 책을 통해 처음 '호오포노포노'라는 말을 알게 된 사람은 우니히피리와 마찬가지로 호오포노포노라는 말도 이상하게 느껴질지 모르겠습니다.

호오포노포노는 예로부터 하와이 원주민 사이에서 전해져 온 문제 해결법입니다. 원래 매우 복잡하던 전통 호오포노포노를 누구나 실천할 수 있게 간단한 지금의 모습으로 수정한 사람은 하와이의 다이아몬드 헤드 기슭에 살던 모르나 나라마크 시메오나 여사(Morrnah Nalamaku Simeona 1913~1992)입니다.

모르나 여사는 하와이 전통 의료 전문가입니다. 그녀는 '정화'로써 문제와 고민의 근본을 해결하는 간단하고 효과적인 방법을 고안했습니다. '정화(Cleaning)'란, 정화 도구(66~69쪽 참고)를 사용해 여러 문제와 고민을 지우는 방법입니다. 모르나 여사가 만든 호오포노포노는 '셀프 아이덴티티 스루 호오포노포노(Self Identity Through Ho'oponopono:SITH)라고 하며, 이 책의 핵심입니다.

세 가지 의식의 집합 = 한 명의 나

호오포노포노에서는 평소 한 명이라고 생각하는 나를 세 가지 의식의 집합체라고 말합니다. 이는 우하네(표면의식), 아우마쿠아(초의식), 우니히피리(잠재의식)입니다(36~37쪽 참고).

'우하네'는 아침에 일어나서 밤에 잠들 때까지 우리가 항상 자각하는 의식이어서 '평소의 나'라고 해도 좋습니다. 우리는 우하네와 늘 함께하며 사이좋게 지냅니다.

'아우마쿠아'는 초의식이라고 하며, '신성한 존재(Divinity)'라는 커다란 존재와 유일하게 연결됩니다. 갑자기 좋은 생각이 떠오르거나, 뜬금없이 무언가가 신경 쓰이거나 한 적이 있나요? 바로 그때가 아우마쿠아와 신성한 존재가 연결된 순간입니다.

그리고 '우니히피리'가 있습니다. 우리는 평소 우하네와는 사이좋게 지내지만 우니히피리의 존재는 까맣게 잊어버립니다. 하지만 우니히피리는 지구가 탄생할 때부터 현재에 이르기까지 셀 수 없이 많은 양의 정보를 가지고, 우리 인생에 크나큰 영향을 줍니다.

내 안의
우니히피리

호오포노포노를 실천할 때 우니히피리는 없어서는 안 될 중요한 존재이며, 우니히피리를 바르게 이해하는 일이 매우 중요합니다.

왜냐하면 당신이 우니히피리와 깊이 소통할수록 당신이 문제라고 생각한 것이 더는 문제가 아닌 게 되거나, 일이 순조롭게 진행이되거나, 필요한 무언가가 때마침 생기거나 하기 때문입니다. 본래당신이 가진 반짝이는 '당신다움'을 되찾아 편안한 상태가 되어가기 때문입니다. 매일 이런 날이 이어진다면 정말 근사하겠지요.

우니히피리는 특별한 사람에게만 존재하는 것이 아닙니다. 모두에게 우니히피리가 있습니다. 우니히피리를 모르겠다면 나의 감정 그 자체가 우니히피리의 목소리라고 생각하면 쉽습니다. 그리고 뭐니 뭐니 해도 우니히피리와 사이좋게 지내는 것은 정말 즐거운 일이라서, 우니히피리를 모르는 것은 무척 안타까운 일입니다.

우니히피리는 기억의 도서관

호오포노포노에서 우니히피리는 '잠재의식'이라고 이야기합니다. 잠재의식은 '내면의 아이'라고도 정의하지만 내면의 아이가 가진 일반적인 의미와는 약간의 차이가 있습니다.

내면의 아이는 보통 개인의 상처나 깊은 슬픔에 의한 '트라우마'를 가리키는 경우가 많습니다. 그렇지만 호오포노포노에서 잠재의식을 의미하는 우니히피리는, 개인이 체험한 기억만을 가리키는 것이 아니라, **우주 전체의 기억 전부가 보관되어 있는 곳**을 말합니다.

우니히피리는 하늘, 바다, 대지, 나무, 화초, 동물 등의 생명체부터, 철과 콘크리트, 도로, 자동차, 건물, 가구, 옷 등의 무기물에 이르기까지 이 모든 것이 체험한 모든 기억이 모여있는, 말하자면 기억의 도서관과 같습니다.

또, 우니히피리는 당신의 의식 중 하나이기도 하므로 틀림없이 언제나 당신 안에 존재합니다.

당신에게는 당신의 우니히피리가 있습니다. 당신의 아버지에게는 아버지의 우니히피리가, 어머니에게는 어머니의 우니히피리가 있습니다. 반려동물에게도 반려동물만의 우니히피리가 있습니다. 이렇듯 모든 존재 안에는 반드시 우니히피리가 존재합니다.

문제 원인은 100% 자기 내면의 기억에 있다

곧 자세하게 설명하겠지만, 우리가 느끼는 여러 가지 감정은 사실 우니히피리가 가진 방대한 기억이 재생된 것입니다.

지금 당신은 갈등을 겪거나, 외로움을 느끼거나, 반대로 좋은 일이 있어 기쁘거나 행복할지도 모르겠습니다. 이처럼 당신이 느끼는 감정은 모두 우니히피리가 담당합니다.

'산 넘어 산'이라는 말처럼 연이어 생기거나, 일이 잘 풀리지 않으면 우리 마음은 늘 술렁여 차분해질 여유가 없습니다. 이럴 때 우리는 무엇이 잘못된 것인지 외부에서 범인을 찾으려고 합니다. 프로젝트가 실패한 것은 다른 사람 탓, 늦잠 잔 것은 알람이 울리지 않아서, 돈이 없는 것은 불황 탓, 회사 탓 등……

하지만 호오포노포노의 사고방식으로는 일, 연애, 가정, 돈, 인간관계 등 어떤 문제든 원인은 자기 내부에 있습니다. 그것은 무슨 일이라도, 설사 스스로 나쁘지 않다고 생각하는 일이라도 모든 원인은 100% 자기 기억에 있다는 사고방식에 기초하기 때문입니다.

즉, 자기의 우니히피리(잠재의식) 정보가 지금 눈앞에 일어나는 모든 문제를 만든다는 사고방식입니다.

제로의 상태 = 진정한 나

100% 자기가 원인이라고 해서 자신을 책망하라는 것은 아닙니다. 어떠한 문제가 일어나더라도 그것은 우니히피리가 보여주는 기억의 재생이라고 받아들이고 이를 정화(Cleaning)하면 됩니다.

다만, 우니히피리가 지닌 기억은 너무나도 방대하기 때문에 언제 어떤 기억이 재생되는지 우리는 알 수 없습니다. 그보다도 왜 문제가 일어나는지에 주목해 봅시다. 이는 지금 상태가 당신에게는 자연스럽지 않기 때문이죠. 반대로 자연스러운 것은 당신이 기분 좋게, 당신답게 살 수 있는 상태를 말합니다. 호오포노포노에서는 이것이 기적도 아무것도 아닌 자연스러워야 할 본래 당신의 모습이라고 생각합니다.

가령 문제가 생기더라도 당황하거나 히스테리 부리는 것이 아니라, 있는 그대로 상황을 받아들이고 이를 묵묵히 바라볼 수 있는 마음 상태입니다. 기대도 집착도 하지 않고 모든 가치관으로부터 자유로워져 진정으로 마음이 평화로운 상태라고도 할 수 있습니다. 이런 상태를 호오포노포노에서는 제로(無)라고 부릅니다.

정화를 계속해 가면 우리 의식은 점점 더 제로 상태에 가까워집니다. 머지않아 문제를 문제라고 생각하지 않게 되겠죠. 제로는 그 어떤 물질적인 성공이나 부유함보다도 당신에게 진정한 행복을 가져다줍니다. 그것이야말로 호오포노포노가 목표로 하는 것입니다.

우니히피리는 당신을 제로 상태로 이끌어 진정한 나로 살기를 원하기 때문에, 기억을 재생해 늘 당신이 정화해 주기를 바랍니다. 이렇게 생각하면 우니히피리는 정말로 고마워하고 애지중지해야 할 존재가 아닐까요?

정화 방법

　제로에 가까워지는 법은 첫째도 둘째도 정화(Cleaning)입니다. 기본적인 방법과 정화 과정을 아주 간단히 설명하자면 이렇습니다. 당신이 어떤 문제로 고통스러운 감정을 느끼고 있다고 해 봅시다. 그 고통스러운 감정을 향해 대표적인 정화 도구인 정화의 네 마디를 소리 내어 말해 봅니다.

　고맙습니다. 미안합니다. 용서하세요. 사랑합니다.

　그러면 당신이 문제라고 생각한 일은 원래의 적합한 형태로 완벽하게 바뀝니다.

정말 간단하죠? 호오포노포노에서는 설령 정화의 구조를 제대로 이해하지 못했더라도 그저 꾸준히 정화하는 것만으로도 점점 자유로워지며, 진정한 나로 돌아갈 수 있다고 말합니다.

문제를 제거하는 방법은 그때그때 다릅니다. 어려운 문제여서 머릿속이 복잡했는데 어느 순간 가벼워질 수도 있고, 당신에게 도움을 줄 사람이 나타날 수도 있습니다. 그 문제가 일어난 덕분에 결과적으로 더 희망적인 상황이 될지도 모릅니다. 어떠한 형태여도 본래 가야 할 자연스러운 방향으로 흘러가게 됩니다.

정화는 '평소의 나'인 우하네만이 시작할 수 있습니다. 우하네(표면의식)가 정화를 시작해 우니히피리(잠재의식)로 그 의지가 전달되면, 우하네와 우니히피리가 함께 정화합니다.

마지막으로 그 기억은 우니히피리에게서 아우마쿠아(초의식)가 배턴을 이어받아 신성한 존재(Divinity)*와 연결됩니다. 그렇게 됨으로써 그 기억은 완전히 정화되어 당신에게 영감(Inspiration)*을 가져다줍니다. 그 신성한 존재가 있는 장소야말로 제로 상태입니다.

*신성한 존재_ 신과 우주, 대자연 등 생명의 원천
*영감_완벽한 타이밍에 신성한 존재로부터 전해 오는 알림

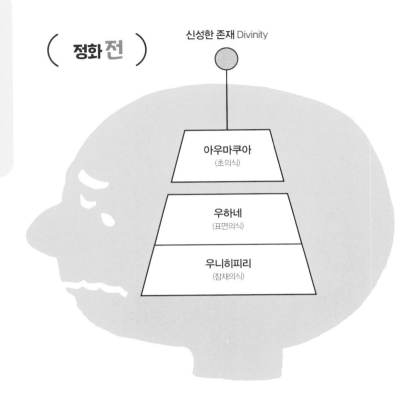

(정화 전)

신성한 존재 Divinity

아우마쿠아
(초의식)

우하네
(표면의식)

우니히피리
(잠재의식)

● **정화하기 전의 당신**

우니히피리(잠재의식)는 여러 가지 기억을 재생해 우하네(표면의식)가 자기의 존재를
알아차려 주기를 바랍니다. 만약 당신이 어떠한 문제나 고민에 농락당한다면 그것이야
말로 기억이 재생되는 것입니다. 그 상태로는 우하네와 우니히피리가 아우마쿠아(초의
식)와 연결되지 않기 때문에 신성한 존재로부터 영감을 받을 수 없습니다.

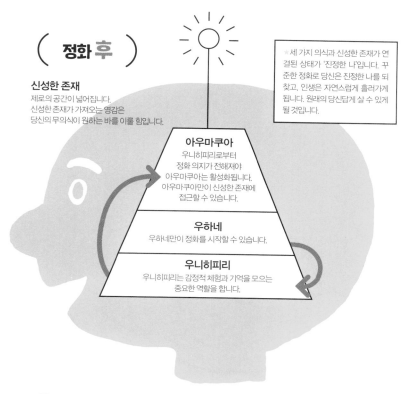

(**정화 후**)

신성한 존재
제로의 공간이 넓어집니다.
신성한 존재가 가져오는 영감은
당신의 무의식이 원하는 바를 이룰 힘입니다.

※ 세 가지 의식과 신성한 존재가 연결된 상태가 '진정한 나'입니다. 꾸준한 정화로 당신은 진정한 나를 되찾고, 인생은 자연스럽게 흘러가게 됩니다. 원래의 당신답게 살 수 있게 될 것입니다.

아우마쿠아
우니히피리로부터
정화 의지가 전해져야
아우마쿠아는 활성화됩니다.
아우마쿠아만이 신성한 존재에
접근할 수 있습니다.

우하네
우하네만이 정화를 시작할 수 있습니다.

우니히피리
우니히피리는 감정적 체험과 기억을 모으는
중요한 역할을 합니다.

● **정화를 시작하면**

1 호오포노포노를 알게 된 당신(우하네=표면의식)이 정화를 시작합니다.

2 당신은 우니히피리를 존중하고, 대화하려고 노력합니다.

3 머지않아 당신의 우니히피리는 스스로 정화에 동참합니다. 우하네와 우니히피리가 힘을 합쳐 기억을 삭제합니다.

4 우니히피리로부터 정화하겠다는 의지가 아우마쿠아에게 전달되어 아우마쿠아가 정화를 최종적인 형태로 이끕니다.

5 4의 기억은 최종적으로 아우마쿠아에서 신성한 존재에 도달해 제로가 되며, 당신에게 영감을 가져다줍니다.

우니히피리와의 소통

호오포노포노에서 우니히피리의 역할이 무엇인지 이해했나요?
그럼 지금부터는 우니히피리와 원활하게 소통하는 법을 소개하겠습니다.

STEP 1

감정 정화하기

POINT

- 당신이 느끼는 감정은 우니히피리가 보내오는 신호입니다.

- 기쁨부터 슬픔까지 여러 감정을 받아들이고 인정합니다.

- 받아들인 감정을 차례차례 정화합니다.

모든 감정은 '우니히피리가 보내오는 신호'

우리는 매일 다양한 체험을 하며, 그때마다 여러 가지 감정을 느낍니다. 예를 들어 예쁜 꽃을 받으면 '기쁨'을, 아이가 자는 모습을 보면 '사랑스러움'을, 영화를 보면 '즐거움'을, 소중한 반지를 잃어버리면 '실망'을, 잔혹한 뉴스를 보면 '공포'를, 배우자의 외도를 알게 되면 '고통'을 느낍니다.

평소 우리는 이러한 감정을 그냥 흘려보내며 좀처럼 마주하려 하지 않습니다. 하지만 우니히피리는 당신에게 분명히 신호를 보냅니다. 앞서 말했듯 호오포노포노에서는 **모든 감정은 좋은 것이든 나쁜 것이든 우니히피리가 지닌 기억의 재생입니다.**

이는 우니히피리를 이해하는 데 상당히 중요한 핵심입니다. 우니히피리를 잘 이해하지 못하겠다는 사람은 어떤 감정을 품을 때 '이건 우니히피리가 보여 주는 것, 우니히피리가 보내는 신호'라고 받아들이는 연습부터 시작하면 좋습니다.

우니히피리와의 첫 번째 만남

우리는 어떤 문제가 일어났을 때 '왜 이런 일이 일어났지', '어디서부터 잘못된 걸까', '왜 어째서'라는 식으로 그 문제를 바라보며 '어떻게든 해서 처리하고 싶다'라고 생각합니다. 그런 기분이

드는 것도 자연스러운 일이지만, 문제만을 바라볼 것이 아니라 한 번쯤 그때 나의 감정에도 눈을 돌려 봅시다. 거기엔 다양한 감정이 있을 것입니다. '짜증 나', '열심히 했는데 슬프다', '분하다', '실망이야', '이젠 지쳤어'…….

이러한 감정은 우니히피리가 깨달아 주기를 바라고 정화 (Cleaning)해 주기를 바라는 '신호'입니다. 그 감정을 제대로 알아차려 '짜증 나는구나', '슬프구나', '분하구나'라며 인정해 줍니다. 그것이 우니히피리와의 첫 번째 만남이며 소통의 기본입니다. 거기서부터 감정을 향해 정화합니다. 정화의 네 마디나 다른 정화 도구 (66~69쪽 참고)를 사용해도 좋습니다.

긍정적인 감정도 정화

문제가 일어났을 때 느끼는 괴롭거나 슬픈 부정적인 감정을 정화하라는 말까지는 이해하기 쉬울 것입니다. 그런데 기쁘거나 즐거운 일에서 오는 긍정적인 감정도 우니히피리가 보여 주는 멋진 기억입니다. 먼저 그 감정을 받아들이고, 행복감을 느껴 주십시오. 그러고 나서 '이렇게 멋진 기억을 보여 주어 고마워, 사랑해'라고 우니히피리를 향해 정화의 네 마디나 마음에 드는 정화 도구로 정화해 봅니다.

운 좋았던 일, 감개무량한 일들만 이어진다면 정말 즐거울 겁니다. 하지만 계속해서 그런 긍정적인 일만 생기기를 원한다면 어떻게 될까요?

'이렇게 운이 좋은 일이 계속될 리 없어', '다음번엔 안 좋은 일이 일어날지도 몰라, 무서워', '이런 행복을 잃고 싶지 않아', '나쁜 일 따위 일어나지 않을 거야, 생각하지 말자'……. 당신은 이렇게 생각하게 될지도 모릅니다.

어쩌면 '좋은 것만 생각하자', '좋은 일만 일어나게 해 주세요', '나쁜 일, 부정적인 일은 나에게 일어나지 않아'라는 식으로 좋은 일만 기대하거나 집착하게 될지도 모릅니다.

또, 당신에게 조금이라도 부정적인 감정이 생겨날 때는 '이런 부정적인 생각은 안 돼, 좋지 않아'라며 진짜 감정을 덮어 버려서 우니히피리의 목소리를 듣지 못하게 될 우려가 있습니다. 당신에게 긍정적인 감정도, 부정적인 감정도 모두 우니히피리가 보여 주는 당신의 소중한 감정입니다. 어느 쪽이 좋고, 나쁘다고 할 수 없습니다.

한쪽에서 이익을 얻으면 다른 한쪽에서는 손해를 보는 식으로, 어떠한 것이든 밝고 어두운 양면을 가졌습니다. 당신이 진정한 의미에서 기분 좋게 지낼 수 있는 상태는 좋고 나쁘다는 이원적인 판단에 따라 흔들리는 것이 아닌 평온한 마음을 유지하고 있을 때입니다. 매일 다양한 일이 일어나는 것이 인생입니다. 그것은 아주 자연스러운 일입니다.

우니히피리는 좋지도 나쁘지도 않으며 모든 기대와 집착에서 벗어난 제로의 상태가 당신에게는 최고의 행복이라는 사실을 알고 있습니다. 그렇기 때문에 부지런히 당신에게 모든 기억을 보여 주며 정화하라고 재촉하는 것입니다.

STEP 2

말
걸
기

POINT

- 언제 어디에서나 우니히피리에게 말을 걸어
  봅니다.

- 우니히피리를 세심하게 살피고 다정하게
  말을 걸어 봅니다.

- 바로 반응하지 않아도 포기하지 마세요.

안녕, 우니히피리

　그럼 다음 순서입니다. 우니히피리가 보여 주는 감정을 받
아들이고 정화(Cleaning)하게 되었다면, 매일 적극적으로 우니히피
리에게 말을 걸어 봅시다! 아침에 눈을 떴을 때, 전철 안에서 멍하
니 있을 때, 식당에서 메뉴를 고를 때, 언제든 상관없으니 가능한
한 많이 우니히피리에게 말을 걸어 봅시다.

　'좋은 아침이야, 우니히피리', '오늘 기분은 어때?', '우니히피리는
뭐가 먹고 싶어?', '어디에 가고 싶어?'…….

　우니히피리에게 말을 걸 때는 친숙하고 상냥하고 다정하게 해
보세요. 우니히피리가 나의 일부라고 해서 거만한 태도로 대하거
나, 마음대로 조종하려고 해서는 안 됩니다. 누구라도 그런 취급을
받으면 기분이 상하니까요. 우니히피리도 마찬가지입니다. 우니히
피리가 나의 일부이기 때문에 소홀히 대한다는 것은, 나를 소홀히
대하는 것과 같습니다. 즉, 우니히피리를 소중하게 대하는 것은 나
를 소중히 여기는 것과 같습니다.

　그러나 과연 어떨까요? 당신은 스스로를 소홀히 여기거나, 쉬지
않고 너무 열심히 일하거나, 싫은데도 참고, 다른 사람과 비교해 단
점을 지적하는 등 자신에게 너무 엄격한 경향이 있지는 않나요?

　그것은 내면의 자신인 우니히피리를 부정하는 것과도 같습니다.

만약 당신이 '나는 나를 너무 부정해 왔어. 우니히피리에게 상처를 줬는지도 몰라'라고 생각한다면, '지금까지 심하게 대해서 미안해, 용서해 줘'라고 진심으로 정중하게 사과해 보세요.

당신이 사과해도, 우니히피리는 아무런 반응이 없을 수도 있습니다. 그래도 포기하지 말고 끈기 있게 인사하고, 말을 걸면 좋겠습니다. 바로 반응이 없더라도 이는 어쩌면 지금까지 계속 무시당하며 괴로움을 느꼈을 우니히피리에게는 당연한 태도일 수 있습니다. 다시 무시당하지는 않을까, 다시 단점을 지적받지는 않을까, 위축됐을지도 모릅니다.

우니히피리의 기분 존중

우니히피리를 느끼는 방법은 사람마다 다릅니다. 우니히피리라는 귀여운 이름 때문에 '계속 말을 걸면 천사나 요정 같은 작고 사랑스러운 존재가 곁에 나타날까'하고 생각하는 사람도 있을지도 모릅니다. 그중에는 우니히피리를 천사나 요정, 아이와 같은 모습과 형태로 마음속에서 볼 수 있거나, 우니히피리가 보내는 메시지를 육성으로 듣는 사람도 있을 것입니다.

그렇지만 형태를 볼 수 없어도, 실제 목소리를 들을 수 없어도 문제는 없습니다. '모습을 드러내 주면 좋겠어' 하고 바라는 사람도 있

지만, 잊지 말아 주세요. 우니히피리는 당신 자신이라는 것을요!

우니히피리는 다른 차원에서 오거나, 먼 곳으로 찾으러 가야 하거나, 특별한 행동으로 불러내거나, 다른 사람이 발견해 주는 것이 아닙니다. 당신 외부에는 없다는 뜻입니다. 이랬으면 좋겠다고 기대하는 것은 우니히피리를 더욱 고통스럽게 만듭니다.

우니히피리가 모습을 드러내지 않아서 의문을 품거나, 슬퍼하거나, '사실 우니히피리 따위 없는 거 아냐?'라며 회의감을 갖는다면 그 기분 자체가 기억의 재생입니다. 그럴 때도 우니히피리의 기분을 존중해 정화해 보세요. 당신이 포기하지 않고 계속해서 정화하고 말을 건다면 거기에 답하듯, 문득 새로운 감정이 솟아날 것입니다. 그것이 우니피리가 보내는 목소리입니다.

또, 당신이 길을 걷다가 어느 식당이 갑자기 궁금한 적은 없나요? 이렇게 왠지 이유는 알 수 없지만 '신경 쓰이고 궁금한' 느낌도 우니히피리로부터의 신호입니다. 계속 신경이 쓰이지만 시작하지 못한 공부라든가, 기회가 있다면 가 보고 싶지만 좀처럼 가지 못한 장소가 있다면 그것도 우니히피리가 어떤 메시지를 보냈을 가능성이 큽니다. 그것을 실행에 옮기면서 영감(Inspiration)을 받게 됩니다. 예를 들면 멋진 만남이 생길지도 모르고, 새로운 재능이 꽃피울 기회를 얻게 될지 모르며, 인생에 더욱 풍요로운 충만함을 가져다 줄지도 모릅니다.

우니히피리가 그 모습과 형태를 보여 주지 않아도, 이런 식으로 계속 당신에게 신호를 보내는 경우가 있습니다. 어떤 것이 신경 쓰이고 궁금한지, 어떤 것이 하고 싶은지 말입니다. 우니히피리가 보내는 작은 신호를 알아차려 조금씩이라도 이루어 간다면 우니히피리와의 유대는 더 깊어져 가겠지요.

또, 우니히피리와 당신의 관계는 타인과 당신의 관계를 거울로 비추고 있는 것과도 같습니다. 연인, 부부, 가족, 직장에서의 관계 등 모든 문제와 스트레스는 인간관계가 얽힌 경우가 많습니다.

당신이 우니히피리에게 무관심하거나 이해하지 못한 채로 두는 것은, 다른 사람과의 관계에서도 무관심하고 서로 이해하지 못하는 상태임을 의미합니다. 이러한 관계에서 사랑과 치유를 바라는 것은 아무런 의미가 없겠지요. 하지만 **당신이 우니히피리와 이어질 수 있다면 당신은 그 누구와도 당신답고 자연스럽게 관계를 맺을 수 있게 됩니다.** 어떤 상대와도 선입견과 기대를 내려놓고 사귈 수 있게 됩니다. 눈앞의 인간관계는 놀라울 정도로 순조롭게 변화하겠지요.

STEP 3

대
화
하
기

POINT

- 우니히피리에게 질문해 봅시다.
- 정화는 타이밍! 미루지 마세요.
- 즐거운 일을 같이해 봅시다.

우니히피리와의 대화 즐기기

우니히피리가 보여 주는 기억을 정화하고, 평소에 끊임없이 말을 걸면 우니히피리는 반드시 반응을 보일 겁니다. 그렇다면 이제 우니히피리와의 대화를 즐겨 봅시다. 매번 구체적인 반응을 보이지 않을지도 모르지만, 그 또한 우니히피리의 메시지입니다.

예를 들어 이런 식으로 해 봅시다.

나: 좋은 아침이야, 우니히피리.

우니히피리: ……

나: 사랑합니다(반응이 없는 상태에 대해 정화(Cleaning)).

우니히피리: 아직 졸려(라고 당신이 느낌).

나: 아직 졸리는구나. 사랑합니다('졸리다'라는 기분을 받아들이고 정화).

우니히피리: 목말라(라고 당신이 느낌).

나: 목이 마르구나. 물 마실까? 사랑합니다('목마르다'라는 기분을 받아들이고 정화).

우니히피리: 오늘 오후에 있을 회의가 싫어. 귀찮아(라고 당신이 느낌).

나: 회사 회의가 귀찮네. 사랑합니다('귀찮다'라는 기분을 받아들이고 정화).

이런 식입니다. '이렇게까지 해야 하나?'라고 생각할 수도 있겠지만, 처음에는 아침에 일어나 침대 안에서, 출퇴근 버스 안에서, 밤에 잠자기 전에 짧게라도 우니히피리와 대화하는 시간을 만들어 시도해 보기를 바랍니다.

우니히피리와 대화하는 것이 마치 호흡하는 것처럼 자연스러운 습관이 되어야 이상적입니다. 우니히피리와의 대화에 적응하게 되면 우니히피리가 먼저 말을 거는 순간이 와서 대화가 즐거워지고, 무엇보다 현실이 당신에게 기분 좋은 방향으로 변화하기 시작합니다. 우니히피리는 없어서는 안 될 가장 사랑하는 파트너라고 느끼게 될 것입니다.

예로 들었던 대화를 읽고 알아차린 분도 있겠지만, 우니히피리의 목소리는 바로 당신의 본심입니다. 오해하지 않았으면 하는 것은, 우니히피리의 목소리를 언제나 따를 필요는 없다는 점입니다.

예를 들어, 누군가에게 폭언을 들어 기분이 매우 상했다고 해 봅시다. 우니히피리는 당신에게 '너무해! 짜증 나!'라고 전해 옵니다. 거기에서 그 기분 그대로 당신이 상대방에게 똑같이 되돌려 줘서 속이 시원해지면 좋을지, 아니면 상대방과 험악해질 상황은 피할 것인지는 당신(우하네)이 판단하는 것입니다.

우니히피리에게는 당신(우하네)이 어떤 행위를 하는지보다, 순간

순간의 본심을 받아들이고 때맞춰 정화하는 것이 중요하니까요. '짜증 나네. 심한 말을 들으니 슬프네. 사랑합니다'라고요.

정화를 나중으로 미루지 않는 것은 아주 중요한 일입니다. 특히, 분노는 점점 쌓이기 쉬운 감정입니다. 분노를 노골적으로 표현하면 어른스럽지 못하다는 말을 듣기도 합니다. 그러므로 무언가 기분 상하는 일이 있다면 우니히피리와 이야기할 기회라 여기고 시도해 보길 바랍니다.

우니히피리가 보내오는 기분을 받아들이고 정화해 봅시다. 우하네(표면의식)와 우니히피리(잠재의식)가 생각하는 것이 일치한다면 마음은 이상할 정도로 안정될 것입니다. 문제가 있을 때 나를 되돌아보면 '그때는 나를 잃어버렸었구나'라고 생각될 때가 있는데, 바로 그런 상태입니다.

당신이 문제 가운데 있을 때는 대개 우니히피리를 완전히 잊어버립니다. 진정한 나를 잃었을 때입니다. 그렇기 때문에 더 이유를 모르게 되는 것입니다. 그리고 이런저런 시행착오를 겪으며 당신의 생각을 바꾸거나, 싫증 내거나, 포기할 때마다 우니히피리는 당신이 정말로 원하는 것이 무엇인지 알 수 없게 되어 혼란스러워하고 지치고 맙니다.

우리는 '이건 이렇게 되어야 해', '전에 이랬어', '상식적으로 이거야', '나는 이런 사람이야' 등 무언가를 단정 짓고 싶어 하는 경향이 있습니다. 사회적인 관습을 따라 '좋은 사람'을 연기하는 일도 많습니다. 하지만 자신이 혼란스러울 때, 어떻게 하면 좋을지 모를 때, 헤매고 있을 때는 위와 같은 판단에 따르기보다 우니히피리에게 말을 걸어 함께 정화하는 쪽이 멋진 결과로 이어질 가능성이 큽니다.

우니히피리는 언제나 당신의 편입니다. 당신을 이해하고 싶어 하며 당신을 최상의 상태, 즉 제로로 이끌고 싶어 합니다. 우니히피리를 진심으로 믿고 항상 함께 있다는 것을 잊지 않는 것이 무엇보다 중요합니다.

STEP 4

꾸준히 정화하기

POINT

- 우니히피리와 함께 정화 도구를 골라 봅시다.
- 우니히피리에게는 항상 사랑과 감사를 잊지 말아 주세요.
- 영감에 따라 행동해 봅시다.

우니히피리를 사랑하는 최고의 방법은 정화

우니히피리와 깊이 교류하려면 당신이 우니히피리를 소중히 여기는 진심을 우니히피리가 느낄 수 있어야 합니다. 우리는 매일 모든 행동을 정화하지는 않습니다. 하지만 언제 어디에서나 정화하는 것이 우니히피리에게 애정을 표현하는 최고의 방법입니다.

우니히피리가 분노, 불안, 집착, 시샘, 질투 등 부정적인 감정으로 꽉 채운 창고에 갇혀 있다고 상상해 보기를 바랍니다. 괴로워서 어찌할 수 없는 상태겠죠. 하지만 당신이 정화하며 창고를 청소해 주면 우니히피리는 편안해집니다.

정화 도구를 고를 때도 우니히피리에게 '오늘은 뭐가 좋아?'라고 물어봐 주면 즐겁게 소통할 계기가 됩니다. 다양한 정화 도구를 사용해 보면, 그중에서 유난히 우니히피리의 반응이 좋은 것이 있을지도 모릅니다. 반응이 좋다는 것은 당신 마음이 가벼워지거나 우니히피리가 중요한 것을 알려 주어, 다양한 영감을 얻게 된다는 뜻입니다. 그러면 당신은 인생의 큰 흐름에 따를 수 있게 됩니다.

우니히피리와의 공동 작업

어떤 목표가 있다면 우니히피리에게 도와달라고 부탁해 보세요. 예를 들면, 일이 쌓여 무엇부터 처리해야 할지 모를 때입니다.

어떻게 하면 좋을지 모를 그 기분을 '함께 정화하자'라고 부탁해 봅시다. 평소대로라면 기한이 빠른 것, 완성하는 데 시간이 오래 걸리는 것부터 시작하겠지만, 정화 후에는 기한이 가장 늦은 일부터 시작하고 싶어질지도 모릅니다. 그것이 바로 영감(Inspiration)입니다.

당신(우하네)은 '제일 늦게 해도 되는 건데?'라고 생각할지 모르지만, 영감에 따라 행동하면 생각보다 일이 빠르게 정리되며, 다른 일도 그 기세를 몰아 금방 끝낼 수 있게 됩니다.

〈우니히피리와 정화한다 → 내려온 영감에 따라 행동한다〉 이를 반복하면 우니히피리도 당신을 신뢰해 스스로 정화하는 법을 알게 됩니다. 그렇게 되면 점점 더 많은 영감을 얻게 될 것입니다.

요즘 '일의 흐름이 좋다', '타이밍이 좋다'라고 느끼는 일이 늘었다면 이는 우니히피리와 잘 지낸다는 증거입니다. 일이 지연되거나, 설상가상으로 문제가 발생하거나, 고민을 안고 있다면, 렌즈가 끈적거리는 지저분해진 안경을 끼고 생활하는 것과 같습니다. 더러운 안경을 끼고 있으면 일은 순조롭게 진행되지 않고, 책을 읽는 것도 힘들며, 운전한다면 사고가 날 가능성이 높습니다. 요리하면 맛없는 음식을 만들게 될지도 모릅니다. 문제도 스트레스도 점점 쌓여만 갑니다. 인생도 마찬가지입니다. 정화는 끈적거리는 렌즈를 깨끗하게 닦아 청소하는 것과 같아서, 시야가 확 열리며 마음도 머리도 깨끗하게 정돈이 되어, 볼 것과 해야 할 일을 또렷하게 알아차리게 됩니다.

영감, '신성한 알림'

한 가지 전하고 싶은 것은 영감과 직감의 차이입니다. '직감'은 과거 기억의 재생입니다. 이전에 전달된 정보를 현실에서 다시 보여 주는 것이라고 볼 수 있습니다. 한편 '영감'은 우니히피리가 재생하는 기억이 정화되어, 당신이 제로가 된 상태에서 신성한 존재(Divinity)로부터 전해지는 것입니다. 지금까지의 기억에 속박되지 않는, 당신에게 꼭 필요한 순간에 나타나는 신성한 알림입니다.

그리고 영감을 받아들이기 위해 아우마쿠아(초의식)와 관계를 맺을 수 있는 것은 당신의 일부이자 사랑해야만 할 우니히피리뿐입니다. 그렇기 때문에 영감을 가져다주는 우니히피리에게는 항상 감사의 마음을 보여 주어야 합니다. 우니히피리가 하는 일이 당연하다고 생각하는 자세는 어이없는 일입니다. 맡겨만 두고 아무렇게나 내버려 둔다면 우니히피리를 상처 입히게 됩니다.

정화는 언제나 우니히피리와 당신이 하는 공동 작업입니다. 매 순간, 사랑과 감사의 마음을 가지고 정화함으로써 점점 더 좋은 관계를 만들 수 있습니다.

STEP 5

몸의 소리 듣기

POINT

- 몸을 돌보며 말을 걸어 정화해 봅시다.

- 주변의 사물에게도 우니히피리를 느껴 봅시다.

- 모든 책임은 자신에게 있습니다. 자신의 기억을 정화하는 것을 잊지 마세요.

우니히피리는 최고의 컨디션 관리인

우니히피리 돌보는 법을 한 가지 더 알려 드리겠습니다. 바로 자신의 몸을 소중히 여기는 것입니다. 당신의 몸도 우니히피리와 연결되어 있습니다. 사실 당신의 몸을 우니히피리가 관리하는 것이지요.

'지쳤어', '어깨가 뻐근하네', '목이 약간 아프다' 등 몸에 나타나는 증상은 컨디션이 좋거나 나쁘거나 틀림없이 우니히피리의 목소리입니다. 그렇기 때문에 그 목소리에 귀 기울이고 정화해 주어야 합니다. 그러면 아무 일도 없던 것처럼 몸이 나을지도 모르고, 오늘은 쉬는 편이 좋다고 생각할지도 모릅니다. 이 또한 영감에 맡깁시다.

KR 여사는 몸을 소중히 하는 방법 중 하나로 신체 부위마다 말을 걸고 정화한다고 합니다.

'팔 님, 지금부터 무거운 물건을 옮길 거예요, 사랑합니다', '다리 님, 오늘은 꽤 걸어서 피곤하네요, 고맙습니다', '위 님, 점심을 너무 많이 먹은 걸까요, 사랑합니다'라는 식으로요.

호오포노포노에서는 모든 것에 정체성Identity이 있다고 생각합니다. 당신은 여러 부분이 모여 만들어졌으므로 그 부분 부분에도 우니히피리가 있다고 생각할 수 있습니다. 팔도, 다리도, 위장도, 그 밖의 다른 부분도 당신이 진심으로 정화하면 각각의 부분이 본래의 역할을 다하는 최고의 상태가 됩니다.

몸뿐 아닙니다. 주변 사물에도 눈길을 돌려 봅시다. 휴대폰, 컴퓨터, 지금 읽는 이 책, 책상, 의자, 펜, 노트, 시계, 반지, 손톱깎이, 방의 벽 등 모든 것에 우니히피리가 있고 각각의 정체성이 있습니다.

물건은 각각의 체험을 짊어지며 현재에 존재합니다. 휴대폰 하나를 봐도 기획자, 디자이너, 프로그래머, 부품을 만들고 조립한 사람, 판매자 등 많은 사람의 손을 거쳐 당신 손에 온 것이죠. 당신의 휴대폰과 친구의 휴대폰이 같은 기종이라면 언뜻 같은 물건으로 보일 수 있지만, 그 개성은 다릅니다. 같은 부모에게서 태어난 형제가 모두 다른 것과 마찬가지지요. 이런 식으로 접근하면 상상하기 쉬울지도 모르겠습니다.

주변 사물에게 '오늘도 잘 부탁해'라고 말하거나 '감사합니다' 같은 정화를 계속한다면, 휴대폰은 휴대폰의 기억이, 옷은 옷의 기억이 정화되어 당신에게 가장 도움이 되도록 움직여 주겠지요.

몸 이야기로 돌아갑시다. 매일 몸을 가꾸며 꾸준히 정화하면 '오늘은 야채를 먹는 게 좋을 거야', '빨리 쉬는 편이 좋아', '바깥 공기를 좀 쐬는 편이 좋겠어', '몸을 움직이는 게 좋아'라고 몸이 정말 필요로 하는 것이 무엇인지 알게 됩니다.

요즘은 이른바 건강 정보가 넘쳐나죠. 먹을 것 하나에도 현미가 좋다, 생선이 좋다, 고기는 좋지 않다, 하얀 설탕은 나쁘다, 차가운 음료는 피하라는 등의 여러 정보가 있습니다.

호오포노포노에서는 음식도 좋고 나쁨이 있다고 생각하지 않습니다. 어떤 음식에도 역할이 있고 그 음식만의 우니히피리가 있기 때문이죠. 음식은 우리의 생명을 유지해 주는 소중한 존재입니다. 어떠한 음식이라도 정화한 후에 그 생명을 받아들인다면 우리 몸에 도움을 주는 존재가 됩니다. 어떤 음식이 좋거나 나쁘다는 정보도 우니히피리가 보여 주는 기억이기 때문에 정말 자신이 섭취할 때는 우니히피리와 함께 정화해 보는 것도 좋겠지요. 우니히피리야말로 당신의 몸 구석구석까지 잘 알며 조언해 주는 최고의 영양 관리사입니다.

또, 만약 당신의 친구가 사과 다이어트로 살을 뺐다고 해 봅시다. 당신도 해 보았는데 바로 요요 현상을 겪었다면, 친구에게는 사과 다이어트가 맞을지 모르지만 당신에게는 맞지 않는 방법인 것이죠. 이런 일은 다이어트뿐이 아닙니다. 정보에 휘둘려 자신에게 맞지 않는 다이어트, 건강법을 지속하는 것은 신체에 부담을 줄 뿐입니다. 몸과 몸을 관리하는 우니히피리를 괴롭히는 것이죠.

체력과 정신력이 한계에 도달했는데도 불구하고 무리하게 지속하는 사람도 있습니다. 몸과 마음에 쌓인 부담이 언젠가 큰 문제를 불러오리라는 것을 상상할 수 있겠지요. 호오포노포노에서는 병을 만드는 원인도 우니히피리가 재생하는 기억이라고 생각합니다. 병에 걸리면 해야 할 일은 크게 두 가지입니다. 첫 번째는 현실적인 대응으로, 병원에 가서 약을 처방받는 등 직접적으로 몸을 치료하는 것입니다. 다른 하나는 호오포노포노입니다.

병은 마음먹기에 달렸다고 합니다. 또 마음과 몸, 영혼은 연결되어 있다는, 동양 의학을 기본으로 한 건강관도 잘 알려져 있습니다. 이렇듯 정신적인 면에서부터 문제 해결에 접근할 수 있습니다.

만성 위통을 앓는 사람이 매일 약을 먹어 그 증상을 억누르고 활기차게 일한다고 해도, 그것은 진정으로 건강한 상태라고는 할 수 없겠죠. 즉, 표면적으로 몸에 나타나는 병의 치료만으로는 건강한 상태가 될 수 없다는 것입니다. 적어도 호오포노포노에서는 충분하지 않다고 생각합니다. 우니히피리가 위통이라는 기억을 재생해서 문제를 밝히려는데, 그 아픔을 약으로 억눌러 없던 일로 한다면 다시 새로운 문제를 일으켜 언젠가는 다른 기억을 재생하고 맙니다. 이 경우, 자기 내면의 어떤 기억이 위통이라는 좋지 않은 증상을 발생시키는지 우니히피리에게 도움을 받아 정화하는 것이 중요합니다.

자신의 병뿐만이 아니라 주변 사람이 병에 걸리거나 상처를 입는 경우에도 그 원인은 병에 걸린 본인이 아니라 당신 자신의 기억 재생에 있습니다. 예를 들어, 당신의 남편이 당뇨병이라고 합시다. 그렇다면 남편이나 당뇨병을 정화하는 것이 아니라, 지금 일어나고 있는 현상을 있는 그대로 받아들이고 자신의 기억 재생을 정화하는 겁니다. 당신의 어느 기억이 남편이 당뇨병으로 고생하는 현상을 불러온 것인지, 우니히피리와 함께 찾아내 제로의 상태를 향해 갑니다. 구체적으로는 당신 안의 걱정과 불안, 괴로움 등 남편의 병으로부터 받아들인 감정을 정화합니다.

모든 문제는 자신의 기억이 원인이라는 호오포노포노의 가치관을 늘 기억하시기 바랍니다. **당신이 우니히피리와 친해지면 당신뿐 아니라, 당신과 관련된 모든 사람이 스스로 정화할 수 있는 것입니다!** 정말로 굉장한 일 아닌가요? 내가 바뀜으로써 다른 사람도, 주변 환경도 바뀌어 갑니다. 이것이 호오포노포노의 진리이자 아름다움입니다.

우니히피리를 더 알고 싶을 때, 체크 리스트

우니히피리와 교류하는 데 중요한 핵심입니다.
우니히피리는 아주 섬세합니다.
처음부터 차근차근 우니히피리와 만나 봅시다.
잘 안되는 부분이 있다면 정화할 기회입니다!

☐ **계획한 대로 진행되는 것이 좋다고 생각하나요?**
생각한 대로 되면 좋겠다고 하는 기분을 정화하세요.

☐ **좋지 않은 일이 일어날 때도 우니히피리에게 애정을 주고 있나요?**

☐ **우니히피리를 자꾸 알려고 들지 않았나요?**
'모르겠다'라고 하는 것과 같습니다. 알고 싶어 하는 의문을 정화하세요.

☐ **정화한다면 어떻게든 될 거라는 기대를 하거나, 정화를 너무 많이 하지 않나요?**
너무 많이 하는 것도, 너무 하지 않는 것도 우니히피리에게 상처가 됩니다.

☐ **영감(Inspiration)에 따라 행동하나요?**
좋고 나쁜 것이라는 이분법적 판단에 기대면 영감을 얻는 일도 어려울 수 있습니다. 영감은 나에게 인생 최적의 길을 안내합니다.

☐ **우니히피리의 모습과 형태, 목소리, 현상에 집착하지는 않나요?**
우니히피리는 감정으로, 무언가 알아차릴 법한 것으로 뜬금없이 신호를 보냅니다.

☐ **우니히피리를 함부로 대하거나, 정화에 소홀하지는 않았나요?**

☐ **매 순간 정화하나요?**
평화는 언제나 자신으로부터 나옵니다.

☐ **분노를 쌓아 두지는 않았나요?**
평상시 정화의 네 마디를 되뇌는데도 지금 상황이 변하지 않는다면 '무엇도 바뀌는 게 없잖아'라고 분노를 쌓아 두기 쉽습니다. 분노의 감정을 정화해 봅시다.

☐ **우니히피리에 대해 '모르겠다', '느껴지지 않는다', '무엇도 바뀌지 않는다'고 느끼나요?**
그 기분을 정화해 봅시다.

☐ **'기분 좋다', '맛있다', '기쁘다' 등등 좋은 것도 정화하나요?**
모두 우니히피리가 보여 주는 기억입니다.

☐ **감정적으로 되어 이성을 잃는 일이 잦나요?**
들끓어 터져 나오는 감정을 주의 깊고 신중하게 정화해 봅시다.

CLEANING
TOOLS

우니히피리와 사이좋게 지내기 위한
대표적인 정화 도구를 모아 보았습니다.

정화의 네 마디

고맙습니다

미안합니다

용서하세요

사랑합니다

정화하는 말은 위의 네 마디입니다. 자신이 말하기 편한 순서로 말하면 됩니다. 소리를 내도, 마음속으로 말해도 효과는 다르지 않습니다. '사랑합니다'에는 다른 세 가지 말을 포함되어 있으므로 단독으로 사용해도 좋습니다. 기억을 보여 주는 우니히피리에게 감사와 사랑을 바로 전달하는 효과가 있습니다.

기억은 사는 동안 계속 축적됩니다. 그렇기에 순간순간 숨 쉬듯 정화하는 습관을 들이는 것이 가장 좋습니다.

인생에서 어떤 일이 일어날지 아무도 모릅니다. 필요 없는 걱정이나 기대는 기억을 거칠고 엉성한 쓰레기로 만듭니다. 청소하기가 더욱더 힘들어집니다. 그보다 네 마디를 매 순간 말하는 것으로 늘 마음을 깨끗하게 유지하며 주어진 영감(Inspiration)에 기초해 행동합니다. 그것이 고민과 불안을 지우는 가장 빠른 길입니다.

블루 솔라 워터

매일 블루 솔라 워터(Blue Solar Water)를 음료, 요리, 세탁, 청소 등에 사용하는 습관을 들이면, 늘 정화된 상태가 됩니다.

식재료, 의류, 방에 대한 기억이 깨끗해져 당신의 우니히피리도 주변 물건의 우니히피리도 언제나 사랑받는다고 느끼게 되겠죠. 당신에게도 기분 좋은 시공간이 될 것입니다. 정화를 자주 깜빡하는 사람에게도 추천합니다.

우니히피리가 재생하는 기억과 정보, 류머티즘, 근육 경직, 통증, 우울감 등을 비롯한 질병 정화에도 효과적입니다.

블루 솔라 워터 레시피

준비물
· 수돗물
· 파란 유리병 (파란 유리병이 없다면 투명한 유리병에 파란색 셀로판지를 붙여도 OK)
· 유리병의 뚜껑 (금속제는 피하고 플라스틱, 코르크, 랩 등이 좋음)

만드는 법
파란 유리병에 물을 넣고 15~60분 햇볕이 드는 곳에 둡니다. 구름이 끼었어도, 비가 와도 괜찮습니다. 햇볕이 없다면 백열등으로도 가능합니다.

☆ 블루 솔라 워터가 없는 경우 마음속으로 블루 솔라 워터를 마시는 상상만으로도 효과가 있습니다.
☆ 물이기 때문에 가능한 한 빨리 사용하기를 권합니다.

등을 펴고 발을 바닥에 붙이고 의
자에 앉습니다.

HA 호흡법

HA 호흡법은 불필요한 집착과 기대, 고민을 내
려놓는 데 효과적입니다. 자신의 기억뿐 아니라
그 장소의 기억도 정화됩니다. 누군가와 싸우거
나 하면 그곳의 분위기가 나빠지는 것을 느낄 때
가 있지 않았나요? 그것은 그 공간의 우니히리
피도 함께 갈등을 겪고 있기 때문입니다. 분노와
짜증의 에너지가 그 장소에 존재하는 사물에도
남는 것이죠. 그렇기 때문에 자기 감정을 조절하
기 위해서뿐만 아니라 집이나 불특정 다수의 사
람이 지나는 장소, 예를 들면 회사의 회의실, 여
행지의 호텔 등에서 실시하는 것도 추천합니다.

양손의 검지와 중지를 붙여 가볍
게 말고, 손가락의 앞부분에 엄지
를 붙여 원을 만듭니다. 양손으로
만든 원을 교차시킵니다. 루프(∞)
를 떠올립니다.

'7초간 숨을 들이쉬기 ⇒ 7초간 숨
을 멈추기 ⇒ 7초간 숨을 내뱉기 ⇒
7초간 숨을 멈추기'를 1세트로 7번
을 반복합니다. 시계로 정확히 7초
가 아니더라도 자신의 페이스에 맞
게 7초를 헤아리면 됩니다.

아이스 블루

영적·물리적·경제적·물질적 고통, 참혹한 학대에 관한 기억을 정화해 줍니다.

아이스 블루는 빙하의 색을 띠지만, 자신이 떠올린 어떤 색이라도 상관없습니다. '아이스 블루'라고 중얼거리며 식물을 쓰다듬거나, 자신이 안은 문제를 이야기해 봅시다.

식물 중에서도 은행잎을 만지면서 또는 은행잎을 들고 걸으며 '아이스 블루'를 되뇌면 간을 해독하고, 고민과 분노의 감정을 해독해 줍니다.

취소의 X

'X'는 중독, 학대, 파멸, 트라우마 등에 관한 기억을 지워 줍니다.

문제가 일어났을 때는 마음속으로 'X'를 떠올립니다. 우니히피리에게 'X'라고 말해도 좋습니다. 'X'의 안에는 정화의 네 마디와 아이스 블루가 들어 있습니다. 또 내가 깨닫지 못하는 것도 정화해 주기 때문에 하루를 시작할 때, 외출하기 전에 만날 사람, 만나기로 한 장소 등을 향해 'X'를 해 둘 수 있습니다.

음식

먹는 것만으로 기억을 깨끗하게 하는
즐거운 정화 도구가 있습니다.

딸기·블루베리

기억을 비워 줍니다. 잼으로 먹어도
같은 효과가 있습니다.

면류(파스타·우동·라면 등)

헝클어진 복잡한 문제를 풀어 줍니다.

신선한 레몬 과즙

블루 솔라 워터에 몇 방울 섞어 마시면
히스테리와 우울감을 끄집어내는 기억
을 지워 줍니다.

바닐라 아이스크림,
마시멜로

무언가를 생각할 때 먹으면 좋습니다.
동시에 정화해 주므로 기억이 축적되지
않습니다.

껌

생각이 너무 많을 때 정신을
정화해 줍니다.

코코아

초조함이나 돈과 관련된
기억을 정화해 줍니다.

시포트 정화 카드

시포트 정화 카드(Ceeport Cleaning Card)는 우
니히피리와 대화하기 위해 만들어진 56장의 메
시지 카드입니다. 추천 사용법은 아침에 일어났
을 때 우니히피리에게 '오늘도 함께 정화해 줘'라
고 말하며 카드를 섞은 뒤 한 장을 고릅니다. 그
것이 오늘 우니히피리가 건네는 메시지입니다.
기억을 정화해 주거나 깨달음을 줍니다.

또, 고민이나 헤매는 일이 있을 때는 그것을 떠올
리며 카드를 섞은 뒤 한 장을 뽑아 보세요. 그것
이 우니히피리가 보내는 답이 될 것입니다.

SITH 호오포노포노 아시아 사무국에서는 정화
카드 사용법 강좌도 정기적으로 열립니다.

내가 어려울 때, 괴로울 때, 어떤 식으로
상담하면 좋을까, 어떻게 도와주면 좋을까를
생각할 때 그것을 우니히피리에게 보여 주세요.

Momilani
Ramstrum
모밀라니 람스트럼

Jean
Nakasato
진 나카사토

작은 일이라도 상관없으니, 매일 내가
즐거운 일을 해 보세요. 이는 내면의 아이,
우니히피리에게 밥을 주는 일과 같습니다.

정화는 잘하고 못하고가 없습니다.
생각할 수 있는 시간이 있을 때마다 정화해
보세요. 제대로 한다고 느끼고 싶다면
아침이나 저녁에 시간을 정해 규칙적으로
정화해 보세요.

Mary
Koehler
메리 콜러

우니히피리와
만난 사람들

SITH 호오포노포노 강사들의 체험을 통한 우니
히피리 이야기를 나누어 보겠습니다. 오랜 기
간 가꾸어 온 우니히피리와의 관계는 아주 깊
고도 맑습니다. 어쩌면 이 챕터를 통해 '또 다른
나, 우니히피리와 만나지 못하는 인생이라니,
있을 수 없는 일이야!'라며 우니히피리의 존재
를 쉽게 받아들이게 될 수 있을지도 몰라요.

우니히피리에게 '고마워'라고 말해 보세요.
우리는 우니히피리 없이 숨을 쉴 수도,
무언가를 보고 즐거움과 아름다움을 느낄
수도 없기 때문입니다. 이런 습관이 정화
과정을 획기적으로 변화시켜 줄 것입니다.

Nello Ceccon
넬로 체콘

당신이 우니히피리와 관계 맺는다면,
이 우주의 모든 정보를 관리하는
최고의 컴퓨터를 다루는 셈입니다.

진 나카사토

호오포노포노 강사. 하와이주 문부성에
재직. 호오포노포노 실천 35년 이상. 하
와이 오하후 섬에서 거주. 가족_남편

알로하! 먼저 이번에 이렇게 호오포노포노라는 공통의 라이프 워크를 실천하게 된 여러분과 정화(Cleaning)할 기회가 생겨 무척 기쁘며, 이를 여러분과 나누고 싶습니다.

내가 경험하는 모든 것, 읽는 것부터 뭔가 보는 것까지 정화하는 모든 것이 지금 이 순간 우니히피리가 보여 주는 '것(It)'입니다. 머릿속에는 다른 여러 가지 중요한 사항이 있습니다. 무언가를 읽고 이해할 때, 무언가 얻어 내려고 필사적으로 노력하지요. 하지만 부디 마음을 열고, 읽을 때 떠오르는 모든 생각을 정화해 주세요.

저는 이 글을 쓰는 이 순간에도 정화하기에, 여러분도 읽으면서 정화할 수 있기를 바랍니다. 제 사진을 보고 '뭐야, 이 넓적한 얼굴은!' 하고 생각했다면, 부디 그 생각도 정화해 보시길 바랍니다.

호오포노포노는 인생에서 만난 선물입니다. 사용하는 한 언제까지나 당신을 위해 일할, 인생의 자유로운 지도입니다. 당신이 매 순간 정화한다면 인생이 당신을 중심으로 열리는 기회를 만나게 될 것입니다.

호오포노포노와의 첫 만남

제가 호오포노포노와 만난 것은 1980년대입니다. 결혼하고 얼마 지나지 않아 마우이에서 지낼 때, 지방지인『마우이 잉크』

1면에 모르나 여사의 인터뷰가 크게 실렸습니다. 거기에 쓰인 것 중 가장 인상 깊은 것은 '본래 이 세상은 좋은 것과 나쁜 것으로 나뉘지 않습니다. 모두 빛과 그림자로 이루어졌습니다. 그것들은 언젠가 빛으로 돌아갑니다'라는 내용이었습니다.

이 글에 끌려 저는 주말에 마우이에서 열린 강연회에 남편과 함께 참가했습니다. 그녀의 인상은 정말 대단했습니다. 그녀는 어떠한 문제라도, 어떠한 현상이라도 제가 체험하는 일은 정화에 의해 변할 수 있다고 했습니다. '정말로 걱정거리나 문제가 해결될까?'라는 의문이 들었지만, 모르나 여사의 얼굴과 우니히피리라는 잠재의식의 존재에 충격받고, 저는 강연회가 끝난 뒤 한동안 아무 말도 할 수 없었습니다.

그래서 우리 부부는 주말 이틀간의 클래스에 참가했고, 그때부터 지금까지 계속 정화를 이어가고 있습니다. 하와이에서 열린 클래스와 강연회에 참가하면서 스태프가 되었고, 지금은 강사로 일하고 있습니다.

정화를 시작했을 때부터, 어떠한 문제라도 머리가 가벼워졌으며 눈앞의 문제를 쉽게 해결할 수 있게 되었습니다. 저는 오래전부터 아이를 좋아했지만, 아이가 생기지 않아 마음이 무거웠습니다. 그래서 그 문제도 계속해서 정화했습니다. 그러자 그 결과인지 제 삶에 변화가 찾아왔고 지금은 하와이주의 문부성에서 일하며 25년 넘게 아이들과 관련된 일을 합니다.

억지 핑계로 누르지 말고 정화

어떠한 사소한 문제라도 무시하지 않고, '아, 우니히피리가 이 큰 인생이라는 여행 중에 어떤 힌트를 보여 주는 거구나'라며 솔직하게 정화하는 것이 습관이 되었습니다.

운전하다 길을 잃었을 때도, 슈퍼마켓에서 늘 구매하던 밀가루가 아닌 다른 밀가루를 살까 고민할 때도, 친구에게 초대받은 홈파티가 조금 귀찮을 때도 억지 핑계를 대며 억누르려 하지 않고 정화해서, 가능하면 그때 보이는 솔직한 기분에 따릅니다. 그렇게 한 결과, 지금의 제가 서 있는 이곳을 사랑할 수 있게 되었습니다.

모르나 여사는 그때부터 우하네(표면의식), 아우마쿠아(초의식), 그리고 우니히피리(잠재의식), 이 삼위일체가 자기를 구성하며, 그 균형을 되찾는 것이 가장 중요하고, 이 우주에 사는 우리가 해야 할 가장 중요한 일이라고 했습니다. 그 삼위일체의 균형을 되찾기 위해 가장 필요한 것이 우니히피리를 돌보고 사랑하는 일이라고 거듭 말했습니다.

저는 원래 정신적인 것에 그다지 관심 있는 편은 아니었지만, 신기하게도 모르나 여사가 우니히피리 이야기를 했을 때 단전(배꼽 아래) 쪽이 울리는 듯한 확신이 들었습니다. 어린 시절부터 무언가를 선택할 때 결정적인 답에는 단전에서부터 오는 듯한 감각이 있었기 때문에, 그때도 이것은 진실이라고 믿어 의심치 않았습니다.

우니히피리라는 존재를 알고 만나는 체험을 통해, 많은 사람이 우니히피리의 감각을 손에 쥐려고 필사적이 되어 머리로만 생각하고 정화 자체를 멈춰 버립니다. 우니히피리의 목소리가 들리기만 한다면 지금의 문제가 생각대로 해결될 거라는 기대 때문인지도 모릅니다. 이 정화라는 작업은 본래 신성한 것입니다. 내면의 삼위일체의 균형을 찾아간다는 것은, 1에서 10까지 뭔가 달성하면 이런 형상이 된다는 식의 세세한 매뉴얼이 없는, 정말 신성한 과정입니다.

우주가 시작되었을 때부터 지금까지의 모든 역사, 기억을 정화해 나가는 것은 어려운 작업으로 보일 수도 있겠지요. 하지만 이 작업은 사실 지금까지 그저 캄캄한 윤회전생 안에서 움직이는 상황에서 갑자기 빛이 보이는 정도로, 빅뱅 같은 커다란 변화를 일으킵니다. 오랜 시간 암흑 속에 있다가 비로소 빛과 연결되었다는 것은 우리에게는 그리 간단한 일이 아닙니다. 자기와 이어진다는 것은 정말 커다란 충격이기에 거부감도 클 수 있겠죠.

하지만 한 가지 말할 수 있는 것은, 일상 속에서 무언가 희생해서 다른 무언가를 얻기 위해 오랫동안 자신을 조절해 왔다면 잠시 거기에서 떨어져 작은 일이라도 좋으니, 즐거운 일을 해 보는 것도 요령이라는 것입니다.

그리고 막연히 자신을 위해서라고 하면 잘 안 하게 되니, 내면에 사는 아이가 밥을 원한다면 밥을 주는 식의 당연한 느낌으로 매일 뭔가 즐거운 일을 해 보는 것이 정화를 이어가는 요령입니다.

우니히피리에게는 친절함이 관건

우니히피리를 돌보는 일은 오랜 시간 억눌린 것이 존재한다고 인정하고 열어 주는 과정입니다. 지금까지 방치해 둔 아이와 다시 만나는 것이므로 친절함이 관건입니다. 우니히피리와 관계 맺는 것은 '진심'을 다루는 일입니다. 성심성의껏 진심으로 정화하면 다시 영감(Inspiration)이 흐르게 됩니다.

그렇지만 매일 상냥하고 신중하게 말을 걸자고 생각해도 바쁜 일상에 그 존재를 잊어버리는 일이 잦습니다. 아침에 우니히피리와 대화 시간을 갖는 게 좋습니다. 5분이라도 우니히피리를 향해 '지금 어떤 느낌이야? 무엇을 기대해? 무엇이 불안해?'라고 천천히 말을 걸어 보는 것도 좋습니다. 대답이 없어도 괜찮습니다. 말을 걸었을 때 멍하니 있던 것, 말이 되지 않는 생각이 실제로 일어난 것 등을 정화합니다. 그것이 우니히피리와의 대화입니다.

또, 저는 일본인이 조상이라 일본의 관습과 상식을 조금 압니다. 일본에서는 자기희생을 미덕이라고 생각하며, 제 잠재의식에도 뿌리 깊이 남아 있습니다. 그러므로 그것을 정화하는 일도 우니히피리와의 관계에 큰 도움이 되리라 생각합니다.

정화하면 부정적인 기억은 사라집니다. 하지만 거기에는 조건이 따릅니다. 정화를 했을 때 반드시 어떤 결과가 나타날 것이라는 기대를 하지 않아야 하는 것입니다. 호오포노포노에서 말하는 정답은 신성한 존재(Divinity)로부터 받는 것이므로 언제 어떤 형태로 나타날지는 알 수 없습니다.

우니히피리가 가져다주는 내면의 평화

호오포노포노에서 우리가 되찾고 싶은 것은 겸허함이기도 합니다. 손을 떼고 본래 생명의 흐름에 자신을 맡기는 것이 진정한 나로 살기 위한 가장 중요한 상태입니다. 이것은 억지로 좋은 사람이 되겠다는 겸허함이 아니라, 정화할 때마다 자신이 점점 더 자연스러운 흐름에 내맡겨지는 원래의 상태입니다.

그러므로 기대대로 정화가 이루어지는가 아닌가에 집착해 그 흐름을 막는 것은 안타까운 일입니다. 당신의 바람과 당신 생명의 바람이 반드시 일치할 수는 없습니다. 매일 그 균형을 되찾아야 합니다. 예를 들면 '행복한 결혼 생활을 하고 싶다', '부자가 되고 싶다', '어떻게든 정치를 하고 싶다', '시부모와의 관계를 개선하고 싶다' 등은 모두 구체적인 자신의 바람이며 그 바람이 생겨난 과정도 당신에게는 당연히 새로운 기억일지도 모릅니다.

하지만 형태가 없더라도 당신이 그 바람을 통해 얻고 싶은 것은 평화입니다. 무엇을 어떻게 구체적으로 바라든 결국은 내면의 평화를 되찾고 싶다는 외침입니다. 그것을 가장 합리적으로, 또 올바르게 연결해 주는 것이 우니히피리입니다. 저는 할 수 있다면 정화에 관해서조차 기대라는 생각을 정화하려고 합니다.

신성한 존재(Divinity)는 당신이라는 유일무이한 존재에게 필요한 것을 주려 합니다. 기억이 원하는 것을 주는 것이 아닙니다. 그런 사실을 언젠가 떠올린다면 좋겠습니다.

우리가 언제든 자유로울 수 있는 선택

어떤 일이 일어나더라도 우리가 할 선택은 둘 중 하나, 정화하거나 하지 않는 것입니다. 사랑을 선택할지, 공포를 선택할지. 신성한 존재의 길을 걸을지, 기억이 만들어 낸 길을 걸을지. 나라는 꽃을 피워 낼지 기억이라는 땅속에서 키워 낼지. 우리는 언제나 자유롭게 선택할 수 있습니다. 이 점만은 다른 누군가에게 방해받지 않을 유일한 자유입니다.

자유로운 삶을 선택할 때, 가끔은 외로울지도 모릅니다. 그러나 그럴 때는 호오포노포노를 떠올리기를 바랍니다. 당신이 정화할 때 그 과정과 관련된 모든 원자와 분자가 자유를 되찾습니다. 당신은 외로운 존재지만, 세계를 연결하는 존재기도 합니다. 모든 존재는 사랑을 생각해 내는 큰 역할을 합니다. 외로워서 다른 무언가를 하려 하기 전에 떠올리기를 바랍니다. 당신이 우니히피리와 관계를 맺을 때, 이 우주의 모든 정보를 관리하는 최고의 컴퓨터를 다룬다고요. 그 이상으로 당신에게 필요한 정보를 주는 존재는 이 세상 어디를 찾아봐도 없습니다.

아무쪼록 저도, 당신도 자유의 꽃을 피우기를 바랍니다. 그 자유는 나로부터 시작합니다. 평화는 나로부터 시작하는 것입니다.

고맙습니다. 미안합니다. 용서하세요. 사랑합니다.

우니히피리의 존재를 알고
인생을 창조적으로
살아갈 수 있게 되었습니다.

모밀라니 람스트럼

호오포노포노 강사. 캘리포니아주 샌디
에이고대학 교수. 뮤지션. 호오포노포노
경력 35년 이상. 샌디에이고에서 거주. 가
족_남편, 자녀

　제 인생에서 우니히피리의 은혜를 받지 않은 때는 단 1초
도 없습니다. 보트를 앞으로 나아가게 하는 데 바다가 꼭 필요하듯,
우니히피리는 제 인생의 모든 것을 떠받쳐 주며 나아가게 하는 불
가결한 존재입니다.

소득 없는 희생

먼저 지금 제 상황을 이야기하고 싶습니다. 저는 지금 어머니가 계신 미국 동부에 머물며 어머니가 혼자서 하기 힘든 일들을 도와드립니다. 어머니를 만나러 온 날, 제 몸 어딘가가 아프다고 느껴져 '무슨 일 있어?'라고 우니히피리에게 물었습니다. 그때 저의 깨달음은, 어머니 이전에 저와 제 내면의 가족을 위해 할 수 있는 일과 할 수 없는 일에 분명한 구분이 필요하다는 것이었습니다.

마음 한편으로는 어머니가 저를 낳아 주셨으니, 제가 딸로서 뭔가 역할을 하고 싶어 힘을 내어 움직였습니다. 하지만 제 몸이 아픈 것을 견디려면 우선은 내 마음이 편해야 하며, 희생으로는 아무것도 얻을 수 없다는 사실을 깨달았습니다. 어머니의 기대에 100% 이상 부응해야 한다며 나도 모르게 스스로를 내몬 것입니다.

최우선에 두어야 할 우니히피리 돌보기

여기에서 호오포노포노가 알려 주는 것은 내가 좋을 대로 살라는 게 아니라, 그 깨달음으로 다시 한번 우니히피리의 존재를 떠올리고 대화해 보라는 것입니다. 저는 바로 말을 걸었습니다. '지금 네 기분은 어때? 이 상황을 어떻게 함께 정화(Cleaning)할 수 있을까? 지금 우리에게 일어나고 있는 일 외에 어떤 방법으로 극복할 수 있다고 생각해?'라고 묻고, 말 걸기를 반복했습니다.

이때 중요한 것은 가능한 한 재촉하거나, 기대하거나, 다그치지 않는 것입니다. 정말 곤란하거나 괴로울 때, 어떤 조언을 얻고 싶은지, 어떻게 도와주기 바라는지를 떠올리고 그것을 자신에 부여하는 것입니다. 그랬더니 지금 제가 할 수 있는 일이 명확해져서, 할 수 있는 일과 할 수 없는 일을 어머니께 말씀드릴 수 있었습니다. 물론, 이로 인해 갑자기 어머니께 다정한 감사 인사를 받는 일이 일어나지는 않았습니다. 하지만 내면의 가족이 안정감과 확신을 찾아 제가 느낀 압박감은 차츰 줄었고, 몸이 아픈 것도 사라졌으며 제가 여기에 있다는 사실에 대한 부담도 사라졌습니다.

다시 한번 내게는 제일 먼저 내 안의 가족, 우니히피리를 돌보는 일이 어떤 때라도 가장 중요하다는 사실을 깨달았습니다.

우니히피리가 여는 예술성

저는 대학교수로 젊은 사람들과 만나면서, 몇 살이 되어도 마찬가지지만 특히 20~30대가 '진정한 나'를 찾아 인생을 개척하는 데 얼마나 중요한 시기인가 하는 점을 다시 한번 실감합니다. 이는 몇 살이 되어도 마찬가지지만, 자기 가족과는 다른 삶의 방식이나 사고방식이 생겨날 때 우리는 가족에 대한 향수, 미안함을 느낍니다. 그때는 그것을 정화하는 것이 정말로 중요합니다.

삶의 방식에는 당신의 예술성이 최대로 나타납니다. 자신의 가족과는 다르게 표현하는 것은 자연스러운 일입니다. 예술이란 당신의 뿌리, 즉 시대, 국적, 성별이라는 틀을 넘어 진정한 나의 일부분이 표현되는 상태입니다.

일상에서 새로운 자신을 깨닫는 일은 두근거리는 즐거움일지도, 괴로움일지도 모릅니다. 하지만 내 인생을 내 것으로 선택할 때 필요한 신호임은 확실합니다. 앞으로 당신이 인생에서 뭔가를 해 나갈 때, 모든 목적이 진정한 나를 표현하기 위함인지 아닌지와 깊이 관련됩니다.

예술성은 아주 섬세하고 미묘합니다. 그래서 표현하면서도 자신이 창조적인 상태에 있다는 것을 알아차리지 못합니다. 이것은 호오포노포노의 문법으로 말하면, 영감(Inspiration)을 살아가는 상태입니다. 아름다운 나의 존재에 아무런 질문도, 의문도 갖지 않는 상태입니다. 왼쪽으로 가야 할지, 오른쪽으로 가야 할지, 그림을 그려야 할지, 도예를 해야 할지, 계획서를 써야 할지, 누구에게 제출하는 것이 최선일지 같은 식의 의문은 나타나지 않습니다. 그저 실행하고 거기에서 일어나는 현상에 따라 자신이 도구가 됩니다. 그것이 당신의 재능이 창조적으로 열린 상태입니다. 그 상태로 이끌기 위해서는 우니히피리의 존재와 지원이 꼭 필요합니다.

기억의 꼭두각시 vs. 진정한 나

누구나 잘못이나 실수를 저지릅니다. 기억에 휘둘려 잘못된 판단을 반복하는 것이죠. 이렇듯 '이건 잘 안 되네'라고 느껴질 때, '나는 아무것도 몰라요. 진정한 의미에서 아무것도 몰라요'라는 '깨달음'에 이르기를 추천하고 싶습니다. 깨달음이 가능한 것은 우리의 우하네(표면의식)가 구사하는 행위 덕분입니다. 거기에서 자기 안에 들끓는 죄책감, 원망, 분노 등이 나타납니다. 그 순간에야말로 우리는 선택할 수 있습니다. '나는 이 순간, 우니히피리와 함께 있습니다. 나는 실수를 하고 있습니다. 기억과 현실이 뒤엉켜 미안합니다'라고 우니히피리에게 용서를 구할 수 있습니다. '이것은 기억의 재생일 뿐이지 진정한 내가 아니야. 나는 우니히피리와 함께할 거야'라고 선택하고 다시 오류를 수정해 갈 수 있습니다.

기억의 꼭두각시가 될 것인가, 존재 자체가 영감이자 예술인 진정한 나로 있을 것인가. 큰 문제에 맞닥뜨릴 때나 자신을 잃었을 때, 이 첫 질문을 던지는 것이 우니히피리와의 관계에서 아주 중요합니다. 무언가 강하게 표현하고 싶을 때, 무언가 잘 만들어지지 않을 때야말로 이 첫 단계로 돌아가는 것이 꼭 필요합니다.

정화로 생기는 흐름

호오포노포노를 바탕으로, 더 구체적인 표현법에 관해 이야기하겠습니다. 표현, 창조, 그것은 제게는 '흐름' 그 자체입니다. 그 안에서 저는 '자신 없어', '이게 가능할 리 없어', '재능이 부족해', '기회가 없어' 등의 기억이 재생될 때마다 제 우니히피리에게 '이런 것들을 보여 줘서 고마워'라고 합니다.

사실은 억지로 넣어 두고 싶은 부분을 보여 주는 것, 내려놓을 기회를 주는 것, 이것이 창조의 과정입니다. 그러므로 정화할 기회를 놓치지 않으면 흐름이 생기며 방금 말했듯이 나만의 재능을 펼쳐 갈 수 있습니다.

얼마전에 저는 어떤 프로젝트 계획서를 써야 했는데 거기에서 다양한 것을 보았습니다. 창피함, 염려, 비교 등 정말로 많은 것들이었습니다. 그래서 저는 이 프로젝트의 의미, 동기, 관련된 사람들과 장소, 소재, 시간 그리고 제 감정을 정화해 나갔습니다. 제가 우니히피리와 함께할 수 있을 때는 적극적인 정화로 우니히피리가 쌓아 둔 기억을 제거할 때뿐이기 때문입니다. 제가 내면의 아이인 우니히피리와 함께 있을 때, 신성한 존재(Divinity)가 저를 통해 흘려보내 주는 영감을 표현하는 것이 창작 중에서 유일하게 가능한 신성한 일(Divine Job)이기 때문입니다.

예를 들어 당신이 학교를 졸업한 직후라고 해 봅시다. 앞으로 직장을 구해야만 합니다. 면접을 볼 때 가능한 한 사전에 회사 이름, 업종 등 정보 리스트를 만듭니다. 그때 적게나마 당신 안에서 여러 가지 현상이 나타날 것입니다. 두근거릴지도 모르고 심각해질지도 모릅니다. 회사 이름을 듣는 것만으로도 아직 합격하지 않았는데도 거기에 있던 자신을 자랑스럽게 여기거나, 혹시 합격하지 못한다면 자신이 가치 없는 것은 아닐까 생각하거나, 불합격이 두렵다고 느낄지도 모릅니다. 어쩌면 무료함을 느낄지도 모르고, 다른 사람의 직업과 비교할지도 모릅니다. 무엇인가가 나타나는데 아무것도 느끼지 못 하는 일은 없습니다. 긴장, 흥분, 공포 등 나타나는 것을 그 자체로 정화하는 것이 우리가 이 사회와 만나는 진정한 목적입니다. 정화함으로써 결국 길은 열리게 될 테니까요.

현실 사회를 살아가는 우리는 적당한 장소에서 얼마나 효율적으로 일하는가가 물론 중요하지만 정화가 그 길로 이끌어 주는 도구가 되어 줄 것입니다. 창조적으로 살고 싶다면, 그리고 나다움을 찾고 싶다면 정화가 유일한 열쇠입니다.

우니히피리를 세울 무대

제가 어떠한 모습으로 정상에 선다 해도 그게 제 인생의 목적은 아닙니다. 거기에 다다르기까지의 한 걸음 한 걸음마다 얼마 만큼의 정화가 가능했는가, 그리고 그 안에서 얼마나 작은 일이라도 진정으로 나를 활용해 그 페이스, 속도, 방법, 순서로 임했는지, 진짜 자신이 원하던 것인지 아닌지가 중요합니다.

어떠한 방법이라도 정상에는 설 수 있겠죠. 하지만 그 과정에서 얼마나 정화하고 자신을 되찾고 표현했는지에 따라 정상에서 보는 경치, 그를 받아들이는 자신은 전혀 다를 것입니다.

35년도 더 전에 하와이에서 호오포노포노를 통해 우니히피리의 존재를 알게 되어 삶의 목표, 그리고 인생의 목적에 당도하는 그 과정을 나답게 살아가는 것으로 바꾸었습니다. 그 순간부터 저를 표현하는 무대는 특별한 시간과 세트가 필요하지 않게 되었습니다. 무엇을 하든 '나'의 진짜 무대는 '지금, 이 순간'인 것입니다. 그리고 그때부터 인생이 크게 움직이기 시작했다고 느낍니다.

마지막으로, 당신의 우니히피리가 지금 무대 위에서 뭔가를 발표한다고 해 봅시다. 많은 사람의 시선과 야유가 무서워 그곳에서 무언가를 표현하는 것이 너무나도 괴로워서 불행한 체험입니다. 하지만 자세히 보면 객석에도, 무대에도 단 한 사람, '당신'뿐입니다. 당신이 여러 야유를 보내고, 불안한 시선을 던지는 것입니다. 우니히피리가 입은 무대 의상을 고른 것도, 조명도 전부 당신이 관리하는 것입니다. 기억에 사로잡혀 불안정한 무대에 우니히피리를 세워 두고 재단하던 것입니다.

지금 우니히피리, 즉 자신을 어떤 무대에 세우고 싶은지, 무엇이 무서운지, 무엇을 걱정하고 있는지 우니히피리가 보여 주는 것을 정화할 기회입니다. 당신 안에서 오래된 기억을 제거하고, 당신(우니히피리)이 진정한 재능을 표현하는 것, 그 선택을 당신이 할 수 있는 것, 그리고 그것은 지금, 이 순간부터 시작된다는 것을 깨닫고 자신의 인생을 살아가기를 바랍니다.

인생을 더욱 크게 살아가야만 한다고 자신의 인생을 정해 두고 판단하는 것도 기억입니다. 당신은 지금 자유롭습니까? 만약 그렇지 않다면 그 속박은 외부로부터 오는 것이 아닌 당신의 기억에서 생긴 것입니다. 그 사실을 깨달았다면 지금 내려놓으십시오!

고맙습니다. 사랑합니다.

메리 콜러

SITH 호오포노포노 마스터 코디네이터.
호오포노포노 경력 23년. 오리건주 포틀
랜드에 거주. 가족_남편, 자녀 일곱, 손
자·손녀 넷

제 우니히피리가 오랜 시간 바라온 것은
자신을 인생의 중심으로 되돌려 주는
것임을 깊이 깨닫게 되었습니다.

안녕하세요. 저는 호오포노포노와 만난 지 23년 되었습니다. 23년이라고 하면 길게 느껴질지 모르겠지만, 제가 한 정화는 여전히 호오포노포노 초심자에 불과합니다. 정화(Cleaning)가 주는 은혜는 저 자신, 가족, 친척, 선조를 향하고 있습니다.

육아 고민, 1년간의 실험

처음으로 호오포노포노를 알게 됐을 때, 저는 육아에 지쳐 있었습니다. 아이들은 점점 심하게 싸웠습니다. 막내 쌍둥이가 매일 싸우는 통에 다른 아이는 신경 쓸 겨를이 없을 정도였습니다. 회사를 경영하는 남편과는 의견이 잘 맞지 않아 육아 문제로 언제나 부딪히기만 했습니다. 그럴 때 처음 호오포노포노 클래스를 듣게 되었습니다. 우니히피리의 존재를 배웠지만 그런 존재가 제 안에 있고, 제 일부라는 걸 솔직히 당시에는 실감하지 못했습니다.

하지만 혹시 그게 제 일부라서 그 존재가 안고 있는 기억이 제가 겪는 모든 문제의 원인이라면, 그 과정에 발을 내디뎌 볼 가치는 있다고 생각했습니다. 그때부터 1년간 누구에게도 말하지 않고 호오포노포노를 실천해 보기로 했습니다.

우선, 아침에 다른 가족이 깨기 전에 일어나 클래스에서 배운 12스텝을 읽는 것으로 시작해, 하루 동안 정화의 네 마디와 좋아하는 정화 도구를 사용해 정화했습니다.

3개월 정도 지나 그게 호오포노포노 덕분인지는 모르겠지만, 쌍둥이의 관계가 꽤 평화로워진 것 같았습니다. 물론 여전히 싸웠기에 상황이 아주 변했다고는 할 수 없었지만, 그 상황을 받아들이는 제가 꽤 편안해진 것은 사실이었습니다.

1년간은 호오포노포노가 어떻게 내 인생에 변화를 주는지 분석하는 분석가로서가 아닌, 그것을 실천하는 실험자로 지냈습니다. 예를 들면, 아이들이 앞으로 더 폭력적으로 변하고 말을 듣지 않는 아이로 자라지는 않을까, 남편과의 관계가 더 나빠지지 않을까, 만족하지 못한 채 불행한 인생을 보내게 되지는 않을까 등의 미래를 걱정하며 지금을 불행하게 산다는 느낌은 누구나 느낄 것입니다. 그럴 때 저는 정화를 실천해 보았습니다. 지금의 불안, 슬픔, 형언할 수 없는 생각 등에 빠졌음을 깨달은 순간에 '사랑합니다'를 반복했습니다. 집에 있어도, 운전할 때도, 남편과 이야기할 때도 그 같은 느린 시간의 흐름 속에서 아이들이 역할을 발휘하기 시작했고, 남편은 그때까지와는 다른 방식으로 육아에 참여하게 되었습니다.

우니히피리의 죄책감

아이는 사실은 자기 안의 기억을 보여 줍니다. 저는 원래 예민하고 걱정이 많아 아이들의 건강과 생활이 걱정돼 어찌할 바를 몰랐습니다. 그런 제게 호오포노포노는 정말 효과가 좋았습니다.

정화는 어떤 일의 대처법이라기보다, 내면을 본래 흐름으로 돌아가게 해 저뿐만 아니라 본래 자유로운 각각의 존재가 자기 길을 찾아가게 하는 다각적인 과정입니다. 제가 아이들에게 불만과 기대를 느낄 때 제 내면에서 정화함으로써, 아이들이 기억으로부터 해방되어 점차 본래 자신을 되찾는 그런 과정입니다.

그때, 제 우니히피리의 존재를 강하게 느끼는 일이 일어났습니다. 부모가 되면 안팎으로 죄책감을 느끼는 일이 많아집니다. '내가 즐거운 일만 하고도 엄마의 역할을 제대로 다 할 수 있을까?', '남편이 나를 나쁜 엄마라고 생각하지는 않을까?'라는 생각이 들었습니다. 그 생각을 정화해야 우니히피리가 죄책감으로부터 해방이 되며, 제가 우니히피리를 사랑하며 돌보는 일이야말로 모든 일에 조화가 찾아온다는 사실을 깨달았습니다. '엄마가 변했는지, 아니면 우리가 어른스러워진 건지 모르겠지만 엄마와 여행하는 게 즐거워졌어. 엄마가 예전보다 안정되어 보이고 무섭지 않아서 우리도 편하고 즐거워'라는 말을 아이들에게 듣게 되었으니까요.

저도 그 무렵 대가족의 여행을 부담스럽지 않게 느끼게 되었습니다. 여행은 쉽게 가족의 추억을 만들 수 있는 멋진 시간이라고 생각하게 되었습니다. 그리고 지금까지 일어난 문제들이 사라졌습니다.

우니히피리의 오랜 바람

남성이 사회생활을 하고 여성이 전업주부인 가정이 꽤 있습니다. 저는 오랫동안 전업주부로 지냈는데 지금까지도 여러 감정을 느낍니다. 열등감과 죄책감, 자기혐오, 자기 연민 등 말로 다 할 수 없는 복잡한 감정입니다. 그런 시기에 호오포노포노와 만나 '내일은 집안일이 아니라 정화'라고 각오하고 나서 제 안에서 진짜 인생을 자유롭게 사는 흐름을 알게 된 것 같습니다.

집안일과 육아에 관련해 정화하고 남편, 시댁과의 문제를 정화했습니다. 그러자 인생이 나를 중심으로 돌아가게 되었습니다. 저는 깨달았습니다. 제가 원하는 것, 저의 우니히피리가 오랜 시간 바라던 것, 그것은 자신을 인생의 중심으로 되돌려 주는 것이었음을 깊이 깨달았습니다. 이 깨달음으로 저는 더욱 깊이, 하지만 자유롭게 가족과 유대 관계를 맺을 수 있게 되었습니다. 제게는 정말로 은혜로운 23년이었습니다. 지금 새로운 삶을 만났고 앞으로도 정화를 통해 어떠한 나를 만들어 갈지 진심으로 기대됩니다.

지금, 혹시라도 당신이 하는 일에 의문이 생기거나, 자신감을 잃었다면 먼저 자기의 역할을 정화하겠다고 정하고 실천해 보세요.

제가 정화를 약속하고 나서부터 남편은 정말로 많이 바뀌었습니다. 저를 사회적으로 존경하는 파트너로서 인정하기 시작했습니다.

모든 것은 나입니다. 돈을 벌지 않기 때문에, 사회생활을 하지 않기 때문에 가치가 없다는 취급을 받아온 것은 내가 오랜 시간 가지고 있던 기억입니다. 이것이 사라졌을 때, 사람도 장소도 모든 것이 자신을 가치 있는 존재로 여겨 주기 시작합니다. 그것은 나로부터 시작합니다.

생각날 때마다 정화

언제 정화하면 좋냐는 질문을 자주 받습니다. 저처럼 무엇이든 제대로 하고 싶어 하는, 너무 걱정을 많이 해 모든 일에 올바르게 대처해야만 한다고 생각하는 사람일수록 이런 질문을 하는 것 같습니다. 그러므로 굳이 제 경험을 통해서 말씀드린다면, 정화는 언제 하든지 좋습니다. 생각할 틈이 있다면 그 순간에 하거나 아침, 잠자기 전 등으로 시간을 정해 두어도 좋습니다. 우선 거기에서부터 시작하면 됩니다. 그렇게 하다 보면 자신에게 가장 알맞은 흐름 속에서 집착 같은 기억이 하나씩 먼저 느슨해지고, 더욱 자유로운 흐름으로 정화할 수 있게 될 것입니다.

이상한 표현이지만, '제대로 정화하지 못한다'라고 느끼는 경우

조차도 기억입니다. 정화에 잘하고 못하고는 없습니다. 다만 실천하다 보면 흐름이 생기는 것입니다.

특히나 저처럼 예민한 사람은 아침과 저녁만이라도 좋으니 일단 시작해 보면 어떨까요? 정말로 귀중한 체험이 될 것입니다. 처음으로 인생이 자신의 것이라고 실감할 수 있을 것입니다. 규칙은 없습니다. 결과만이 당신 눈에 보이게 되겠죠.

정화를 통해 달라진 역할

저는 올해부터 남편과 단둘이 살기 시작했습니다. 지금까지 일곱 명의 아이와 오랫동안 살아온 집을 팔고 작은 아파트로 이사했습니다. 아이들이 독립하기 전, 남편과의 일들을 정화해 온 것은 이런 커다란 변화도 자연스럽게 흘러가게 하는 데 상당히 큰 도움이 되었다고 생각합니다. 매일같이 찾아오는 고독감, 짜증, 의존하는 마음, 집착 등 여러 가지로 말이죠.

수십 년 만에 다시 단둘이 사는 게 이렇게나 즐겁고 신혼 같을 줄은 아무도 예상하지 못했을 것입니다. 이것은 제가 호오포노포노와 만나고 처음에는 아침부터, 그리고 매일 조금씩, 매 순간 정화해 온 결과입니다. 부부 각자의 우니히피리가 안심할 수 있는 환경은 제가 만든 결과입니다.

정화는 이제 막 결혼 생활을 시작한 아이들과의 관계에서도 큰 도움이 되었습니다. 아이들이 사는 모습을 보면 예민한 제가 또 이 런저런 불평불만을 내뱉게 됩니다. 제 경험에 비추어 더 좋은 방향 으로 흘러갔으면 하는 마음으로 시작했다가 결국에는 잔소리를 하 게 되는 것입니다.

그런 때야말로 한발 물러섭니다. '지금 이야기하려는 게 나일까? 아니면 내 기억일까?' 이것은 진지하게 점검해 봐야 할 문제입니다. 혹시라도 내 기억에서 이야기하는 것이라면 결혼에 관한 내 모든 기억을 아이들에게 대물림하게 되고 말기 때문입니다. 그 누구라도 자기 자식이 결혼 생활로 괴롭기를 바라지는 않을 테니까요. 그러 니 그럴 때야말로 한발 물러서서 우선은 입에 지퍼를 채우고 정화 합니다. 그러면 대체로 제 마음은 안정을 찾게 됩니다. 물론 어떻게 든 전하고 싶은 말이 있을 때는 말해 버리지만, 정화하면 그런 경우 는 거의 사라지게 됩니다. 또 말하고 싶은 것을 전혀 다른 방법으로 전하게 되어 아이들한테 감사 인사를 받게 되기도 합니다.

자식이 어려도 성인이기에 무엇을 하면 좋을지는 본인이 가장 잘 압니다. 그렇기 때문에 저는 먼저 제 판단을 정화합니다. 그러면 아이들은 자신들에게 최선인 길을 찾기 마련입니다.

그리고 제 인생에서 손자 손녀의 존재도 나타나기 시작했는데 여기서도 제가 해야 할 일은 단 한 가지, 기쁨도 짜증도 모두 제 기억이므로 정화하는 것입니다. 거기서부터 제게 새로 더해진 할머니라는 역할이 처음으로 올바르게 표현되어 보입니다. 그것은 제게 최고로 창조적인 일입니다. 제 머리로 만들어 낸 이미지도, 사회가 만들어 낸 것도 아닌, 정화로 열린 역할이기에 정말 행복하고 설레며 싫증도 나지 않습니다.

우니히피리와의 사이에
사랑을 되찾는 순간부터
자연스럽게 제가 이끌려 온
곳이야말로 본래 우리가
있어야 할 곳입니다.

넬로 체콘

SITH 호오포노포노 강사.
베로나시 재판소 고문. 액센추어 감독관.
호오포노포노 경력 13년. 이탈리아 거주.
가족_부인. 자녀 셋

저는 엔지니어로 오래 기업에서 일했고, 베로나시 재판소에서 고문으로서 기업 간의 재판 관련 업무를 했습니다. 그곳에서 일하는 동안 수입은 안정되었고, 사회로부터 평가도 좋았지만 여러 가지로 스트레스가 많았습니다.

엔지니어의 삶은 세간의 상상 이상으로 경쟁이 치열합니다. 자식이 셋 있는데, 아내와 아이들을 남겨 두고 한 달에도 몇 번이고 출장을 가야만 했습니다. 그래서 부부 관계를 비롯한 가족과의 유대 관계가 어려워졌고 제 인생에 상상 이상으로 스트레스가 커져만 갔습니다. 당시, 일과는 별개로 영적 사업(Spifitual Work) 강의도 했습니다. 거기에서 만난 여성이 환자와 만나지도 않고 그 환자의 정신병을 치료했다며 인터넷에서 유명해진 휴렌 박사 이야기를 들려주었습니다. 그 이야기를 듣고, 아일랜드에서 열린 휴렌 박사의 클래스에 참가했습니다. 거기서 SITH 호오포노포노와 만나 우니히피리의 존재를 알게 되어 '내가 원하는 것이 바로 이것이다!'라고 깨닫게 되었습니다.

우니히피리에게 말 걸기로 변화하는 삶

자신의 내면을 다루는 것만으로 삶에 변화를 일으키는 호오포노포노 과정은 당시 고통스럽던 불면증에 즉각 변화를 가져다 주었습니다. 자기 전 클래스에서 배운 12 스텝을 읽고 우니히피리에게 말을 거는 것만으로 아침에 개운함을 느끼게 되었습니다.

그때부터 출퇴근 시간에도 우니히피리에게 말을 걸었습니다. 당시, 얽히고 싶지 않은 동료를 떠올리며 제 우니히피리가 마치 푸념을 들어 주는 친구인 양 말을 걸었습니다. '저 녀석, 왜 항상 내 실패를 기다리듯 기분 나쁜 얼굴로 쳐다보지? 인사해도 무시하고, 같이 일하고 싶지 않아. 이걸 함께 정화(Cleaning)해 줄래?'

이렇게 매일 아침, 회사에서 느끼는 스트레스를 우니히피리에게 솔직하게 말하는 것만으로 그날 하루가 아무런 문제 없이 지나는 것은 아닙니다. 그렇지만 놀라울 정도로 스트레스에 신경 쓰지 않게 되었고, 일이 끝나면 지금까지 느끼던 피로를 느끼지 않게 되었습니다. 그저 나를 돌보는 것만으로 정말 주변이 변화한 것인지, 아니면 나의 무언가가 변한 것인지는 모르겠지만 점점 상황이 개선되어 갔습니다.

모든 경험은 내 안의 기억이 보여 주는 것

그 후 지금의 내가 되기까지의 과정은 정말 원활했습니다. 지금도 재판소의 고문을 맡고 있지만, 집에서도 일할 수 있는 강의 활동 비중이 더 커졌습니다. 꿈이 꿈으로서 제 앞에 나타나기 전에,

다음에 일어날 일이 나에게 가장 완벽한 일이라는 현실로 변화했습니다.

재판이란 아무리 조용히 진행되어도 본연의 감정과 부딪히는 곳입니다. 스트레스가 많은 일이지만 미리 정화할수록, 일하면서도 우니히피리에게 말을 걸수록 평온한 흐름으로 바뀝니다. 균형과 조화로 가득 차 놀라울 정도로 빠르게 해결됩니다.

반대로, 그때까지는 비교적 온화하게 진행되던 안건이 예상외의 문제로 난항을 겪을 때 정화와 일에 집중하면, 기계 결함을 발견하듯 분명한 원인이 나타납니다. 그것이 미래에 일어날 큰 사고를 방지합니다. 이러한 일이 점점 늘어납니다.

이러한 체험을 할수록 이 우주의 흐름, 즉 업보라 불리는 지금과 관련한 모든 일이 원래의 자리로 돌아가게 하려는 과정에 우리가 얼마나 저항하며 지금까지 일해 왔는가를 잘 알게 되었습니다. 저항하면서 겉으로는 적을 적게 만들고 실수 없이 처리하려고 노력했습니다. 한편, 스트레스가 많던 것은 큰 흐름, 우니히피리가 보여 주는 인생의 기초를 만드는 방대한 기억을 무시해 스트레스를 계속 키워나갔기 때문입니다.

저는 대기업에서 살아남기 위해 그 조직에서 얼마나 생산성을 높여야 하는지, 얼마나 자신의 가치를 키워야 하는지, 그리고 그것이 얼마나 중요한지 잘 알고 있습니다.

그러나 호오포노포노를 만나고 내면의 움직임과 만나게 되었을 때, 즉 이 체험도 내면의 또 다른 내가 보여 주는 것이라는 것을 깨달았을 때, 그 대기업이라는 가치관조차 내가 근원이라는 사실을 알게 되었습니다. 그때부터 소외감을 느끼는 일 없이 그저 그렇게 내가 겪는 일에 집중하게 되었습니다. 물론 제 계좌로 직접 들어오는 것이 아닌 돈, 제 일과 관련된 예산, 매상, 실제로는 만난 적도 없는 거래처의 사장에 대해서도 무언가 문득 떠오르는 것이 있다면 이를 제 체험으로 여기고 정화했습니다. 그렇게 해 나가는 동안, 회사에서 그저 시간을 보내는 한 사람의 직원이라는 존재에서 벗어나 내 생명 중에서 이 회사에서 일하는 기억을 정화해 나가자는 입장으로 변화했고, 인생이 자연스럽게 굴러가기 시작했습니다.

우니히피리 통제는 금물

이것은 스트레스를 느끼는 사람에게는 정말로 효과적입니다. 저는 어린 시절부터 학생, 사회인이 되고 나서도 쭉 이과 계통 세계에서 살아왔습니다. 그래서 처음 클래스에 참가했을 때는 대단히 놀랍기는 했지만, 모든 책임이 전부 자신의 내면에 있다는 가르침은 받아들이기 힘들었습니다.

클래스에 참가하는 동안 등이 아픈 것 같은 느낌도 들었습니다. 머리로는 이해할 수 없는 것을 몸과 마음 어딘가에서 흡수하려고 노력한 것은 아닌가 싶습니다. 그래도 역시 내면에서부터 이 과정을 '알고 있어, 알고 있어'라는 반응이 있었기에 계속해 왔습니다. 하지만 그때부터 우니히피리가 내면에 있는 또 다른 나라는 것을 실감하기까지는 2년 정도가 걸렸습니다. 정말로 조금씩, 아기의 걸음마 같은 속도로 계속해서 정화해 왔습니다.

그리고 모든 체험과 반응이 우니히피리로부터 온다는 것을 깨닫고 나서도 저는 아무것도 지배하려 하지 않았습니다. 어떻게 해서든 호오포노포노를, 그리고 우니히피리의 존재를 머리로 이해하려고 하면 기대감이 나타나 우니히피리를 통제하려고 합니다.

저는 우니히피리를 마치 처음 만나는 사람을 대하듯 겸허한 마음으로 대합니다. 또, 태어났을 때부터 꼭 필요한 존재라는 사실에 감사합니다. 그저 그 존재를 확인하는 식으로 계속 관계를 이어오고 있습니다. 그러자 문득 어느 순간에 '지금이 정화할 기회야'라고 우니히피리가 알려 주는 일이 늘어났습니다. 내 머리로는 나한테 좋지 않은 일이 일어났다고 느낄 때조차 주변을 탓하려 들기 전에, 먼저 우니히피리에게 '사랑합니다'라고 전하는 겁니다. 그리고 '이것을 정화하는 데 도와주지 않을래?'라고 질문을 합니다. 그 과정에서, 스스로에게 무척 친절해졌다는 것이 가장 큰 변화입니다. 회사나 동료, 가족의 평가로 자기 가치를 정하는 것이 아니라, 진심으로 나를 위로하고 내가 하고 싶은 일을 하는 것에 대한 거부감이 사라졌습니다. 게다가 동조하듯 주변에서 도와주는 일도 정말 점점 늘어났습니다.

내가 빛날 수 있는 곳

지금 저는 호오포노포노 관련 강의를 하면서 재판소 고문으로서 진정한 나를 발휘하며 삽니다. 일상에서 우리는 '고맙습니다'라는 단어를 사용하지만 자신에게는 하루에 몇 번이나 그런 이야기를 하나요?

'하루 동안 아무 공헌도 못 했어, 제대로 된 건 아무것도 없는데…'라며 자신에게 감사하는 데 인색한 사람이라도, 자기의 우니히피리에 대해서라면 어떨까요? 우리는 우니히피리의 존재 없이는 본래 아무것도 할 수 없습니다. 숨을 쉬고, 무언가를 보고, 즐기고, 아름다움을 느끼고, 필요할 때 위험을 느끼는 일도, 모두 살아가는 데 필요한 능력인 동시에 우니히피리가 체험하게 해 주는 것입니다. 그러므로 우리는 내면의 아이, 우니히피리에게 '고마워'라고 말해야 합니다. 이런 습관이 매일 하는 정화 과정을 획기적으로 변하게 해 줄 것입니다. 자신이 인생의 중심으로 되돌아왔다고 느끼기 시작할 것입니다.

많은 사람이 이렇게 말합니다.

'나답게 살고 싶어', '내가 정말로 하고 싶은 일을 하며 살고 싶어' 하지만 우리 안에 본래 있는 사랑이 보인다면 그것을 살리는 것은 우리입니다. 사랑이 보이는 곳에는 머리가 선택하지 않아도 우리는 자연스럽게 그곳에 갈 수 있습니다. 그것은 회사일지도 가정일지도 요가 학원일지도 모르며, 재판소일지도 모릅니다. 모두 자기와 우니히피리 사이에 사랑을 되찾은 순간부터 자연스럽게 자신이 이끌려 온 장소야말로, 본래 자신이 있어야 할 장소입니다.

주식시장, 자본주의의 최전선인 그곳도 본래 사랑으로 만들어진 장소입니다. 거기에서 무슨 문제가 일어나더라도 누군가가 그곳으로 사랑을 되돌릴 수 있다면 그것이 반드시 열쇠가 될 것입니다.

아름다운 일이나 슬프거나 웃고 싶은 일은 당신, 그리고 당신 안에 있는 기억입니다. 그것을 정화하는 일만이 당신의 역사를 변화시킬 수 있습니다. 사랑이 열쇠이고, 사랑이 당신을 움직이게 할 때, 세계도 변화합니다. 사랑 안에서 사람은 최대의 재능을 발휘할 수 있습니다. 그것은 타인의 재능까지도 빛을 발하게 할 것입니다.

자신의 재능을 완전히 발휘할 곳은 이 세계 어딘가에 반드시 있습니다. 마치 하늘의 별들이 각자 자기의 장소에서 빛을 내듯. 정화로 자신을 되찾는 과정에서 그 장소와 방법을 되찾아 봅시다.

나의 생명이 향하는 곳

우리는 사회에서 자주 경쟁합니다. 하지만 행복해지기 위한 경쟁이 있다면, 자신과 마주할 때 찾아오는 다양한 정보를 정화할지 말지 갈등하게 하는 경쟁도 있습니다. 내가 성공을 좇는 게 아니라, 성공이 나를 좇아 오게 되겠죠. 그것은 전부 내 안에서 일어나는 일이 밖에서 일어나기 때문입니다. 그 흐름이 나의 생명이 향해야 할 곳을 더욱 명확하게 해 줄 것입니다.

지금, 당신이 있는 곳에 대해 당신이 어떤 애정을 갖는지 봐 주세요. 거기에서부터 정화해서 당신의 사랑이 향하는 쪽을 향해 우니히피리와 여행을 시작해 보세요. 저도 그 여행을 하는 중입니다. 정말 고맙습니다.

1

신산나메코

만화가, 칼럼니스트

어떻게 호오포노포노를 알게 되었고, 언제부터 시작했나요?

알게 된 것은 2011년. 서점에서 책을 보게 되었습니다. 그 뒤로 KR 여사의 강연에 가거나, 인터뷰할 기회가 있었습니다.

호오포노포노를 실천한 뒤 우니히피리의 존재를 바로 느낄 수 있었나요?

꽤 어려웠습니다. 하지만 먼저 자기 나이를 정화하고 '몇 살이니까 무얼 해야만 해'라는 기억으로부터 자유로워지는 것이 중요하다는 말이 마음에 와닿았습니다. 내 안에 작은 아이가 있다는 생각만으로도 어려지는 것 같았습니다.

처음 우니히피리의 반응은 어땠나요?

만났다고 실감할 수는 없었습니다. 하지만 제 경우 저를 억누르고 일만 우선시했기에, 마음 깊숙한 곳에서 '쉬고 싶어', '자연이 있는 곳으로 가고 싶어'라는 생각이 들면 우니히피리의 목소리라고 여기고 가능한 한 따르려고 합니다.

언제, 어떻게 우니히피리에게 말을 거나요?

외롭거나 불안할 때.

당신에게 우니히피리는 어떤 존재인가요?

자녀가 없어서 우니히피리는 눈에 보이지 않는 자녀와 같은 존재입니다.

가장 마음에 드는 정화 도구는 무엇인가요?

'아이스 블루'는 투병 중인 어머니께 알려 드렸더니 이를 실천하셨습니다. 지금은 이미 세상을 떠나셨지만 호오포노포노 관련 책은 저보다도 더 열심히 읽으셨다고 생각합니다.

앞으로 호오포노포노를 시작할 사람들에게 메시지 부탁합니다.

하와이뿐 아니라 정화는 인류 공통의 과제라고 생각합니다. 부디 자신의 내면을 정화해 보시기 바랍니다. 직감력이 강해질 것입니다.

신산나메코
만화가. 칼럼니스트. 1974년 8월 29일 사이타마 출생. 무사시노예술대학 단기대학부 그래픽 디자인 전공 졸업. 본명 이케마츠 에미와 필명 신산나메코로 만화, 에세이, 소설, 예술 작품, 시 낭송 등의 작품을 다양한 채널에 발표하고 있다. TV에서도 활약 중. 최근 저서로는 『나메단』, 『제행무상의 와이드쇼』 등이 있다.

하야사카 카즈코

뷰티 디렉터, 메이크업 아티스트

**어떻게 호오포노포노를 알게 되었고,
언제부터 시작했나요?**

휴렌 박사가 정신 이상 범죄자를 전문으
로 다루는 하와이 주립 병원에서 일하면
서 정화를 통해 모든 환자를 퇴원시켰다
는 일화를 전해 듣고 호오포노포노를 처
음 접했습니다. 그 뒤 미치바타 제시카 씨
에게 일본에서 출간된 책 몇 권을 소개받
아 휴렌 박사의 책을 읽고 호오포노포
노를 시작하게 되었습니다.

호오포노포노를 실천한 뒤 우니히피리의 존재를 바로 느낄 수 있었나요?

'작은 나'와의 대화는 어릴 때부터 해 왔기 때문에 우니히피리의 존재를 깨닫는 일은 뭔가 그리운 느낌이었습니다.

처음 우니히피리의 반응은 어땠나요?

일이 많아 지쳤을 때 정화했더니 뜬금없이 '바다에 가고 싶어'라는 마음의 목소리가 들렸습니다. 지치기도 했고 모처럼의 휴일이라 집에서 여유롭게 있고 싶다는 생각이었지만, 우니히피리의 목소리에 따라 전철을 타고 바다에 갔습니다. 바닷바람이 정말 평온해 안정감을 찾을 수 있었고, 몸과 마음이 다시 깨어나는 듯한 느낌이었습니다.

다음날부터 상쾌한 마음으로 일에 집중하게 되어 '바다에 가고 싶다고 알려 줘서 고마워'라고 우니히피리에게 감사의 말을 전했습니다. 그때, 우니히피리가 '내 목소리를 들어 줘서 고마워'라고 말하는 것 같았습니다.

그때부터 갑자기 들리는 마음의 목소리를 무시하지 않기로 했던 것 같아요. 그렇게 하면서부터 신기하게도 인생도 잘 풀리는 것 같습니다.

언제, 어떻게 우니히피리에게 말을 거나요?

작은 일이든 큰 일이든 선택해야 할 때.
또, 헤맬 때?

인터뷰 | 우니히피리와 나

당신에게 우니히피리는 어떤 존재인가요?

천진난만하고 사랑스러운, 작은 나.

**가장 마음에 드는 정화 도구는
무엇인가요?**

메이크업 브러시입니다. KR 여사와 만났
을 때 저만의 정화 도구로 받았습니다.

**앞으로 호오포노포노를 시작할
사람들에게 메시지 부탁합니다.**

호오포노포노는 내가 가진 진정한 나다
움을 찾아 내가 살고 싶은 인생을 살아가
는 것입니다. 점점 자신이 좋아질 거예요.

하야사카 카즈코
뷰티 디렉터. 메이크업 아티스트. 간호
사로 대학병원에서 근무한 뒤 메이크
업 아티스트로 전향해 1999년 독립. 이
너 뷰티, 오가닉에 정통해 최근에는 메
이크업 분야뿐 아니라 여러 분야를 통
해 뷰티 관련 제안을 하고 있다. 2013
년에는 AEAJ 공인 아로마 뷰티 강사
자격을 취득. 저서로는 「YOU ARE SO
BEAUTIFUL」이 있다.

3

이치가와 츠쿠시

헤어 메이크업 아티스트

**어떻게 호오포노포노를 알게 되었고,
언제부터 시작했나요?**

서적 『하루 한 번 호오포노포노_부와 건
강, 행복을 부르는 하와이인들의 습관』을
읽고 2009년 9월부터 시작했습니다.

**호오포노포노를 실천한 뒤 우니히피리의
존재를 바로 느낄 수 있었나요?**

2009년 12월 클래스에 참가했을 때 자
각하게 되었습니다.

처음 우니히피리의 반응은 어땠나요?

모든 것이 잘 풀리지 않아 헤맬 때, 두려
움에 앞이 캄캄했습니다. 하지만 하나씩
하나씩 정화하면서 생각과 판단은 사라
졌고, 제가 안심할 수 있는 환경과 평온함
은 지금까지 유지되고 있습니다. 우니히
피리가 제가 있을 곳을 잘 골라 주었다고
실감합니다.

인터뷰 | 우니히피리와 나

언제, 어떻게 우니히피리에게 말을 거나요?

무언가에 집중해야 할 때 '지금 어떤 기분이야?' '정화할 거 있어?'라고 말을 겁니다. 일하기 전에 어디서부터 어떻게 하면 좋을지 대화를 통해 진행합니다.

당신에게 우니히피리는 어떤 존재인가요?

안정감과 나다움을 주는 소중한 존재입니다.

가장 마음에 드는 정화 도구는 무엇인가요?

딱히 어느 한 가지가 마음에 드는 것은 아니지만, 클래스에서 사용하는 도구 메뉴에 그려진 그림과 색을 우니히피리가 저에게 매 순간 보여 주기 때문에, 그것으로 함께 정화합니다.

앞으로 호오포노포노를 시작할 사람들에게 메시지 부탁합니다.

클래스에 참가하시기를 추천합니다.

이치가와 츠쿠시
헤어 메이크업 아티스트. 자택과 숍에서 헤어 메이크업 〈ORIGIN〉 주최. 1968년 아이치현 출생. 와타나베 사브로 씨에게 배운 뒤 1992년부터 프리랜서로서 활동 중. 1994년 발리, 뉴욕에서 생활하다가 1996년에 귀국해 일본에서 활동한다. nijitonoboru.blog.fc2.com

지금 있는 곳에서
진정한 나로 살기

결혼과 우니히피리

호오포노포노의 홍보 일을 맡은 타이라 아이린 씨는 2014년 1월에 결혼해 대만으로 생활 근거지를 옮겼습니다.

'결혼은 인생 최대의 정화(Cleaning) 기회'라는 휴렌 박사의 말이 인상에 남는다는 아이린 씨.

새로운 환경, 새로운 가족, 새로운 문화 등 휴렌 박사의 말대로 대만에서의 생활은 정화할 일의 연속이었고, 우니히피리와의 이인삼각 경기가 시작된 것 같았다고 합니다.

우니히피리와 함께하는 결혼 생활은 어떨까요? 많은 깨달음을 얻을 수 있는 이야기입니다.

타이라 아이린
1983년 도쿄 출생. 메이지학원대학 문학부 졸업. SITH 호오포노포노 아시아 사무국에서 호오포노포노 관련 도서 집필, 번역 등의 활동 중. 좋아하는 정화 도구는 'HA 호흡법'과 '아이스 블루'. 저서로는 『들어봐요, 호오포노포노』, 『우니히피리』가 있다.
irenetaira.wordpress.com

새로운 환경,
새로운 가족

우니히피리가 선택한 곳, 대만

대만에서 살기 시작한 지 1년 반이 지났지만 지금도 자연스럽게 적응하지는 못했습니다. 오히려 이렇게 여러 가지 감정이 나타날 수 있는 곳에 있다는 것은, 우니히피리가 일부러 저를 결혼시켜서 정화(Cleaning)하기 가장 좋은 곳으로 데려온 것이 아닐까 하는 생각도 듭니다. '아, 이런 곳에 있어야 한다니, 불행해!'라고 생각한 적도 있는데, 그럴 때는 정화할 수밖에 없습니다. 하지만 그렇게 하다 보면 예상치 못한 좋은 일들이 현실에서 차례로 일어납니다.

물론 시댁 식구들에 대한 이런저런 생각을 정화한다고 그들의 인격이 갑자기 바뀌는 일은 일어나지 않습니다. 하지만 전혀 관계없을 것 같던 일이, 도저히 불가능하다고 생각하던 일이 가능해지기도 합니다.

제 가치관으로는, 일은 노력하지 않으면 변화하지 않으며 가족의 일은 가족의 일로 생각하지 않으면 잘 풀리지 않는다고 생각했습니다. 그러나 호오포노포노의 가르침은 그렇지 않습니다. 누구에게나 우니히피리가 연결되어 있기 때문에 내가 시댁 식구들과의 일을 풀어 나가면 다른 부분에서도 변화가 일어나는 것은 당연하다는 것입니다. 정말 그런 변화를 최근 많이 느낍니다.

종종 대만과 일본을 비교하다 보면 대만에 대해 점점 부정적인 생각을 하게 됩니다. '어째서 이렇게 자꾸 길이 더러워지는 거야'라거나 '아침부터 경적이 시끄럽네', '도로가 지저분해' 등 정말로 심한 말을 마음속으로 하고 맙니다. 예전의 저라면 제가 사는 곳을 그런 식으로 표현하면 안 된다고 생각해 진심을 억눌렀을 것입니다. 하지만 언젠가 쌓인 것들은 터져 나오기 마련이어서 지금은 그것을 최대한 우니히피리에게 숨기지 않고 그 감정을 정화합니다.

사실 정화하면 할수록 정말 마음이 평온해집니다. 대만에 적응했다고는 할 수 없지만 지금 내가 있어야 할 곳으로 괜찮다고 생각합니다. 그래서 마음이 안정되었을 때는 '대만 씨, 언제나 아무것도 아닌 걸로 심한 말을 해서 미안해요'라고 사과하며 정화합니다.

거짓 없는 우니히피리

결혼한 지 얼마 되지 않았을 때, 저는 시부모님께 잘 보이고 싶어 무리했습니다. 저를 너무나도 소중히 여겨 주셔서 그에 부응하고 싶고, 좋은 아내가 되고 싶었습니다. 처음부터 그렇게 좋은 아내는 아니었지만, 상냥해야 한다는 강박에 애써 그렇게 행동하고 이야기했습니다.

머릿속으로 '상냥한 사람이 될 거야'라고 생각하는 것은 좋은 일이죠. 어릴 때부터 누구에게나 상냥하게 대하는 것은 사람이 갖춰야 할 태도의 기본 중 기본이라고 귀에 딱지가 앉을 정도로 들어 왔습니다. 하지만 우니히피리가 정말 표현하고 싶은 것은 이런 게 아닐지도 모릅니다.

오랫동안 시부모님은 제게 '상냥해서 좋다'라고 이야기해 주셨고, 저도 '두 분이 좋아요'라고 말해 왔습니다. 하지만 저는 그것이 점점 싫어졌습니다. 두 분이 싫어진 게 아니라 시간이 지나도 마음이 편하지 않았습니다. 겨우 사이를 좁혔지만, '완고한 시아버지', '예민한 시어머니'라고 두 분의 성격을 판단하게 되니 만남이 싫어졌습니다. 하지만 그런 것은 사실 전부 제 안에 있는 기억입니다. 시부모님은 아무런 잘못도 없습니다. 일방적으로 저 혼자서 이런저런 생각으로 가득 차 우울해져 버린 것이죠.

휴렌 박사님께 들은 인상 깊은 말 중 하나가 우니히피리는 거짓이 없다는 것입니다. 우니히피리는 절대로 거짓말을 하지 않는다고 합니다. 즉, 우니히피리는 진실을 보여 주는데, 우리의 우하네(표면의식)는 때때로 편한 대로 아무렇게나 말하거나, 아무렇게나 행동합니다. 그러면 우니히피리와의 사이에 갭이 생기고 자기 안에서 짜증스러운 감정이 일어나 점점 고통스러워지는 것입니다.

복잡한 감정을 안고 있던 저는 '시부모님의 기대를 저버리지 않는 상냥한 며느리가 되고 싶다고 생각한 것을 함께 정화해 주세요'라고 우니히피리에게 도움을 청했습니다. 그때부터는 오로지 정화

뿐이었습니다.

대만에서 생활한 후부터 일본 가족과의 관계가 이전보다 좋아진 것 같은 느낌이 듭니다. 제가 대만 가족에 대한 거부감을 내려놓고 정화할수록 양쪽 가족이 모두 행복해진다는 느낌이 듭니다. 떨어져 있든 함께 있든 제 내면의 가족, 즉 세 가지 의식(36~37쪽)의 평화가 전부라고 생각합니다.

제가 현실에서 각각의 가족에 대해 '이렇게 해야만 해'라고 머리로 생각하고 움직이기보다, 지금 이곳에서 제 우니히피리가 먼저 평화와 안정을 되찾아 세 가지 의식이 조화를 이룰수록 대만의 가족도 일본의 가족도 모두 각자의 재능을 살려 즐겁게 살아가는 것입니다. 역시 어디서, 누구와 있더라도 언제나 진정한 나로 돌아가는 것이 가장 중요합니다.

'나와 함께하며 정화할 것들을 같이 실천해 줘'

대만인은 가족 결속력이 정말 좋습니다. 친척들이 자주 모여 저녁 식사를 하기도 합니다. 일본의 가족은 어머니와 동생 그리고 저까지 세 명뿐이라 대만의 대가족을 보고 처음에는 깜짝 놀랐습니다. 더구나 모두가 우아합니다. '이 분위기는 나랑 어울리지 않은데'라고 생각한 적도 있지만, 제가 보는 것은 우니히피리가 보여 주는 제 기억의 일부이기에, '아, 긴장된다'라든가 '빨리 끝났으면'이라고 솔직하게 느끼는 것을 그때그때 정화하려고 합니다. 그래서 가족 모임에 가기 전에는 반드시 우니히피리에게 말을 많이 합니다. '오늘 드디어 저녁 모임이야' 혹은 '나랑 함께하며 정화할 것들을 같이 실천해 줘'라고 말하는 식입니다.

시아버지에게 느끼는 것, 시어머니에게 느끼는 것, 시누이에게 느끼는 것 등 가족 한 사람 한 사람에 대해서도 가능한 한 각각 정화하고 갑니다. 의자에 앉아 차분하게 하는 것이 아니라 외출하기 전에 허둥대며 정화하지만 하는 것과 하지 않는 것은 아주 큰 차이가 있습니다.

실제로 만났을 때 상대방도 저도 여유를 가지고 있다는 느낌이 들거나, 맛있는 음식을 먹고 그저 즐겁게 보낼 때가 확실히 많아졌습니다. 상대방과 저는 완전히 다른 존재입니다. 문제가 생기거나 안 좋은 기분이 든다면 그것은 제가 기억을 선물처럼 가지고 있어서 이를 상대방에게 펼쳐 보여 주는 것과 같다고 생각합니다. 미리 정화하고 외출하면서 점점 상대의 여러 가지 면을 볼 수 있게 되었습니다.

일본의 가족과 남편. 상대는 완전히 다른 존재이며, 내가 호오포노포노를 하면 된다는 초심을 잃지 않는다면 어디에서 누구와 있어도 최선의 방법을 생각해 낼 수 있습니다.

본질을 알고 사랑으로 연결

가족과의 저녁 식사에서는 이런 일도 있었습니다. 시누이와 이야기하고 있을 때입니다. 시누이는 제 감정의 스위치를 자꾸만 누르는 사람입니다. 그래서 그녀와 이야기를 하고 있으면 저는 바로 걸려들어 그 기억에 잡아먹히고 맙니다.

그때의 이야기 내용이 누군가에 대한 시샘이나, 분노일 때도 있습니다. 만약 정화하지 않고 그저 그 이야기를 듣기만 하면 '시누이는 그런 이야기를 하는 사람이구나' 또는 '불평불만뿐이네'라고 대부분 끝나 버립니다. 사실은 시누이가 이야기하는 것들도 자기의 기억인데, 그런 사실은 잊고 '이 사람은 이런 사람이야'라고 인식한 채 기억의 소용돌이로 두 사람이 빨려 들어갑니다.

하지만 미리 우니히피리에게 말을 걸어 두면, 문득 우니히피리가 '이 사람이 정말로 표현하고 싶은 것은 외로움이야'라고 말해 주기도 합니다. 틀린 말이라고 생각하기보다는 '아, 그런 거였구나'라며 제가 문득 깨닫게 되는 듯한 느낌입니다. 그 덕에 관계가 좋아질 때

지금, 눈앞에 있는 것이 제일 중요한 일. 그것을 항상 정화했더니 의식도 세계도 정말 더 넓어졌습니다.

가 많습니다. 본질을 알게 되면서 내 안의 상냥함이 되살아나 다른 사람과 사랑으로 연결될 수 있지요.

반대로 사이가 좋다고 생각하는 친구와 함께 있을 때 뭔가 이상하다고 느낄 때도 있습니다. 그것도 우니히피리의 목소리입니다. 그래서 그저 목소리에 따르는 게 아니라 그 기분을 향해 정화하면 친구에 대해 오해한 나를 발견합니다. 그럼 친구와의 만남과 연락을 조금 줄이면 둘 사이의 가장 좋은 거리로 되돌아가게 됩니다. 우니히피리에게 내가 먼저 의식적으로 계속해서 말을 걸면 그런 일들이 많아져 저절로 기쁜 마음이 듭니다.

아직도 인간관계에 대한 정화가 필요하지만 상대방이 느끼는 진짜 기분은 점점 섬세하게 알아차릴 수 있게 되었습니다.

부부 관계
'좋아하는 마음'을 정화

결혼하고 생활 근거지를 옮기기 전에도, 대만에는 업무상 자주 왔습니다. 일 때문에 대만에서 지낼 때는 단 한 번도 대만이 싫다고 느끼지 않았습니다. 오히려 좋았습니다. 사람들 모두가 평온해 보였고 친근해서 좋았습니다.

다만, 휴렌 박사님께 좋아하는 마음도 정화(Cleaning)하라는 말을 들었습니다. 사람이든 장소든 뭐든 정화 대상입니다. 처음에는 그게 어려웠습니다. '좋아하는 마음의 무엇을 정화하면 좋지?'라고 생각했습니다. 하지만 지금은 바로 알 수 있습니다.

저는 남편의 성실함과 부지런함이 정말 좋다고 생각했습니다. 지금은 반대로 그 좋아하는 부분을 '재미없어. 너무 부지런해서 답답해'라고 생각하기도 합니다. 정말 자기 마음대로지요.

대만에 관해서는, '이 정도면 괜찮아'라고 생각하면서도 오만하게도 '좀 더 세련된 곳에 가고 싶어'라고 생각하기도 합니다. 그러므로 좋아하는 마음이 확고하지 않은 것을 정화하는 일은 정말 중요합니다. 그렇게 하면 관계가 점점 좋아지기 때문이죠.

저는 남편에게서 종종 '아이린은 와일드하네'라는 말을 듣습니다. 남편과 싸울 때 어떻게든 남편을 강제로 굴복시키려고 하거든요. 하지만 그런 말을 들어도 나는 '섬세한 부분도 있거든'이라고 생각합니다. 그래서 남편이 그런 말을 할 때 그 기분을 정화합니다.

저는 남편이 정말 착한 사람이라는 생각이 들면 그 생각을 정화합니다. 사람에게는 여러 가지 면이 있습니다. 그러나 그것을 인정하지 않거나, 작은 일부분밖에 보지 않고 '이런 사람'이라고 판단하는 경우가 많습니다. 어쩌면 저는 남편에게 '성실하고 착하고, 부지

런한 사람이어야만 해'라고 주술을 걸고 있는지도 모릅니다. 그러면 남편은 진정으로 자기다울 수 없게 되는 거지요. 하지만 그것을 제대로 정화하면 '좋아하는 마음'이든 '싫어하는 마음'이든 쌓일 것도 없이 관계가 회복되어 새로운 기분으로 상대와 마주할 수 있게 됩니다.

결혼하고 나서는 특히 제가 느끼는 남편에 대한 기분을 정화하려고 합니다. 예를 들어, '남편이 회사에서 좀 더 높은 평가를 받으면 좋겠어'라는 기분이 들 때는 남편을 향해서 정화하는 것이 아니라 그 기분을 제 안에서 정화합니다. 왜 남편이 좋은 평가를 받았으면 좋겠냐 하면 결국 '응당한 평가를 받지 못한다'라는 '분함'이 제 안에 있기 때문입니다. 그 기분은 제가 원래부터 가진 감정이지 남편의 것이 아닙니다. '분함'이라는 감정을 우니히피리가 저에게 보여주기 때문입니다.

남편도 물론 호오포노포노를 알고 있지만, 어느 정도 관심이 있는지, 정화를 하는지는 모르겠습니다. 저는 남편에게 특별히 정화를 추천하지는 않습니다. 하지만 제가 정화함으로써 주변은 변하기에, 그것이 호오포노포노이기에, 솔직히 남편이 정화하든 하지 않든 어느 쪽이라도 괜찮다는 마음입니다.

정화를 계속하다 보면 뜬금없이 우니히피리가 정말 제 영혼이 기뻐할 일을 가져다줍니다. 우니히피리가 부정적인 것만을 재생하는 것이 아니기 때문이죠.

저는 원래 수영을 아주 좋아합니다. 우니히피리에게도 '수영하고 싶어!'라는 목소리를 자주 듣습니다. 대만에서도 수영장에 가곤 하는데 집에서 전철을 타고 가야 하는 거리에 있습니다. 바쁘고 귀찮다고 느껴져 매번 우니히피리의 바람을 들어주기는 어렵습니다.

또, 저는 어릴 때부터 매실 절임을 상당히 좋아합니다. 매실 절임을 먹으면 즐겁고 행복한 기분이 듭니다. 그런데도 뭔가에 쫓겨 바쁘거나 고민이 있으면 밥 먹을 때 냉장고에 매실 절임이 있어도 일부러 먹지 않을 때가 있습니다. 매실 절임을 먹는 간단한 일조차도 할 수 없는 상태는, 우니히피리와 전혀 이어지지 않아 행동이 따르지 않고 의식만 마구 부풀었다는 신호입니다. 대부분 그 후, 뜻밖의 일이 일어나 퍼뜩하고 나로 돌아옵니다. 그때 우니히피리를 떠올리고 '미안합니다'라고 사과한 뒤, 매실 절임을 먹거나 수영합니다.

매번 우니히피리의 목소리에 따르기는 어렵지만, 우히니피리와 수영장에 가기로 약속한 날에는 반드시 지키려고 합니다. 그럴 때 하는 수영은 최고입니다! 우니히피리와 제가 딱 일치해 수영장에

갔을 뿐인데 점점 영감Inspiration을 얻게 되어 무엇으로도 말할 수 없을 만큼의 행복감에 휩싸이게 됩니다.

우니히피리가 보여 주는 기쁨과 행복은 결코 화려한 것이 아닙니다. 제 안의 메마른 땅에 물을 뿌려 적셔 주듯 조용하지만 마음 깊은 곳에서부터 진정한 활력을 되찾게 됩니다. 그런 경험이 쌓이면 역시 모든 일이 원활하게 움직이거나, 다른 사람과도 편안하게 이야기할 수 있게 되어 일이 잘 풀린다거나, 남편에게 상냥해지거나 합니다. 무엇보다도 우니히피리와 제 신뢰 관계가 깊어집니다.

최근에는 진정한 의미에서 나를 기쁨으로 만족시키는 것이 우니히피리와 원만하게 이어질 수 있는 유일한 요령이 아닐까 생각하게 되었습니다.

남편과의 관계도 마찬가지입니다. 제가 남편에게 '주말에 둘이 콘서트에 가고 싶어', '다음 달에는 여행 가고 싶어'라고 얘기했다고 합시다. 하지만 제 우니히피리는 '일단 매실 절임이 먹고 싶어', '수영장에서 좀 더 수영하고 싶어'라고 말한다고 해 봅시다. 제가 그 목소리를 계속 무시하면, 아무리 남편에게 즐거운 제안을 해도 남편에게 제 바람은 전해지지 않습니다.

남편은 착한 사람이라 제 부탁은 들어주려고 합니다. 하지만 왠지 무리라고 생각하는 듯하거나 제 계획에 흥미를 느끼지 못한다고 느낄 때가 있습니다. 그럴 때는 대개 제가 우니히피리의 감정을 무시할 때입니다. 본래 나만이 나를 만족시킬 수 있습니다. 그런데도 저는 내가 원하는 일을 해서 나를 만족시켜야 한다는 사실을 종종 잊습니다.

하지만 저와 우니히피리가 함께 행복해지겠다는 선택을 하면 주변도 변합니다. 남편이 제가 하고 싶던 것 이상으로 즐거운 일, 예를 들면 캠핑 계획을 세운다거나 해서 생활이 풍부해지는 거죠.

호오포노포노와 만나 우니히피리라는 존재를 알게 되었을 때, 정말 '그건 있지'라고 생각했습니다. 제 안에 무언가 갇혀 있다는 느낌으로 살았기 때문입니다.

임신부의 일상
내가 나로 사는 것이 최고의 돌봄

임신 후 뱃속에 제가 아닌 다른 정체성이 있다는 것을 느낍니다. 그렇다고 과하게 보호하지는 않습니다. 제 나름대로 소중히 여길 뿐입니다. '아, 내 안에 존재하는구나'라며 이를 확인하는 식입니다.

저는 자기중심적이며 지금 하고 싶은 일을 하는 스타일입니다. 누구라도 시끄러운 공사장 한복판에 있고 싶지는 않겠죠. 뱃속 아이를 위해서라도 제가 마음씨 곱게, 나답게 사는 것이 우선은 가장 중요한 일이라고 생각합니다.

휴렌 박사와 KR 여사에게 임신 소식을 전했더니 '축하합니다. 정말로 당신으로 살아갈 때가 왔네요. 언제라도 자신을 잃지 않기를'이라고 말씀해 주셨습니다. 정말 그 말 그대로라고 생각했습니다. 내가 나로서 살면 상대방도 상대방답게 살 수 있습니다. 그것이 대인관계에서 가장 중요한 사랑입니다. 내가 나답게 살면 뱃속 아이도 자기다운 길을 걷게 될 거라고 생각합니다.

내가 나답게 살 수 있다면, 뱃속 이 아이도 이 아이답게 살길을 만들 수 있을 것입니다. 제가 엄마가 되었다고 해서, 갑자기 엄마로

서만 살아가는 게 아니라 어디까지나 나는 나이니까요. '지금 나는 임신을 경험하고 있다'라는 상황에서는 그 상황에서 발생하는 일들을 정화(Cleaning)할 뿐입니다.

일본에서 출산하는 게 좋을까, 대만이 나을까, 임신에는 어떤 음식이 좋을까, 병원은 어떻게 하지. 벌써 여러 지식과 정보가 매일 들어옵니다. 그중에는 불안해지는 정보도 있습니다. 하지만 '그런 이야기를 들어서는 안 돼'라고 하지 않고 전부 제가 임신함으로써 우니히피리가 보여 주는 기억이라고 받아들이려고 합니다.

뱃속의 아이와 제 사이에는 부모·자식이 아니면 놓을 수 없는 정도의 기억이 있다는 것이니까요. 그것을 보여 주고 있구나 하는 느낌입니다. 그래서인지 자연스러운 선택을 하는 것처럼 임신 생활 자체가 원활하고 즐겁습니다. 그렇다고 '임신이 최고야!'라거나 '임신처럼 신성한 경험은 없어'라고 말하고 싶은 것은 아닙니다. 저는 임신도 내 여행의 일부라고 생각합니다. 그렇게 생각할 수 있다는 것이 스스로 대견하고 행복합니다.

우니히피리는 의지할 수 있는 존재

임신을 하니 신체 여러 부분에 변화가 일어납니다. KR 여사께 배운 대로 임신 전부터 몸을 관장하는 우니히피리에게 자주 말을 걸어 정화한 덕분에 어떠한 변화도 지금까지는 별 탈 없이 받아들였습니다.

　임신하면 '몸이 무거워져 큰일이야', '모든 게 어려워'라는 말을 많이 들었지만, 그러한 변화에 대한 공포의 기억이 제대로 정화된 것인지도 모릅니다. 정말로 지금은 자유자재로 몸의 변화를 함께 느끼는 것 같아 마음이 아주 편안합니다.

　딱 3일간 입덧 비슷한 증상을 느꼈습니다. 그럴 때도 '아, 이렇게 괴롭구나'라고 그 나쁜 기분에 빠지는 게 아니라 몸 하나하나에 정

KR 여사와 닛코에서. 우니히피리는 보려고도, 말하려고도, 들으려고도 하
지 않는 것처럼 어른스럽게 있어도 전부 훤히 내다봅니다. 계속 정화하면
'여기야' 하고 우니히피리가 중요한 것을 떠올리게 해 기쁩니다.

체성이 있다고 생각했습니다. 그랬더니 '몸에서 무슨 일이 일어나
는구나'라고 객관적으로 생각할 수 있어서 정화할 수 있었습니다.
그러자, 그때마다 '오이 주스가 마시고 싶어'라는 영감(Inspiration)
을 받는 등 내 몸에 가장 알맞은 방법을 신체가 제대로 알려 주기
시작했습니다. 신체를 관장하는 우니히피리이므로 무엇이든 의지
할 수 있다는 든든한 마음이 들었습니다.

을 정화해 그저 나답게 사는 것으로 나도 살아간다는 기쁨을 느낍니다.

언제나 나를 잃어버리지 않는 일이 가장 중요합니다. 아이가 태어나더라도 지금처럼 우니히피리와 함께 정화하면서 살아갈 것입니다.

휴렌 박사님과 LA에서
'고맙습니다'라고 휴렌 박사님께 감사를 전하면 반드시 이렇게 말씀하십니다.
'고맙다는 인사는 당신의 우니히피리에게 먼저 말하는 거예요'
휴렌 박사님이 아무리 대단한 것을 알려 주었을 때라도, 클래스가 끝난 뒤에도,
박사님께 감사함을 전하면 '어떤 때라도 당신의 우니히피리에게 먼저 감사함을 전해야만 해요.
모든 경험은 당신의 우니히피리가 보여 주니까요'라고 말씀하십니다.

아이린의

정화 일과

결혼 전에도 지금처럼 정화(Cleaning)했습니다.
하지만 결혼하고 집에 있는 시간이 늘어났기 때문에
이번에는 집에서 하는 정화를 중심으로 전하고자 합니다.

아침

우니히피리에게 '좋은 아침이야' 하고 인사 & 스케줄 확인

아침 정화는 결혼하기 전에도 해왔지만, 더욱 의식적으로 하게 되었습니다. 배우자와 함께하는 생활은 아무리 자존감이 강해도 서로 영향을 주지 않을 수는 없으니까요. 어딘가에서 자신을 잃어버리거나 상대방에게 휩쓸리거나 하면 정말 자신이 느끼는 사랑을 상대에게 표현할 수 없게 될 것입니다.

그렇기 때문에 아침에 일어나면 속으로 '우니히피리, 좋은 아침이야. 사랑해', '오늘 하루 함께 정화하자'라고 말을 겁니다. 남편보다 우니히피리가 우선입니다. '누구보다 우니히피리 너를 소중하게 생각해'라는 말을 잊지 않으려고 합니다. '누구와 결혼한 건지'라고 생각할지 모르겠지만, '나는 나'라는 사실에서부터 하루를 시작할 수 있습니다. 배우자와도 솔직하게 지낼 수 있어 관계가 원활해집니다.

그 다음에는 매일 딱 5분이라도 침대에서 일어나기 전에 오늘의 일정이나 만날 사람을 우니히피리와 확인하고 정화하는 시간을 갖습니다.

집 앞에 있는 거목에게 '아이스 블루'

제 마음에 드는 정화 도구 중 하나는 '아이스 블루'(69쪽)입니다.

집 바로 앞은 공원인데, 창문으로 하와이의 반얀트리 공원처럼 담쟁이덩굴로 뒤덮인 거목이 보입니다. 그 나무를 향해서 매일 이런저런 말을 건넵니다. 창밖으로 말을 건네기도 하고, 외출할 때 현관을 나오면 바로 보이는 이 나무를 '아이스 블루'라고 하면서 쓰다듬고 '고마워'라고 말하기도 합니다. 아마도 이 나무가 대만에서 저의 이런저런 부분을 제일 많이 봐 주는 존재이지 않을까 싶습니다. 이렇게 하나의 존재와 호오포노포노를 통해 1:1 대화를 이어가면 정말 충만해지고, 친구 같은 존재가 점점 늘어난다는 생각에 즐겁기도 합니다.

낮

블루 솔라 워터로 청소

제 살림을 꾸린 후 집이라는 공간을 자주 정화하게 됐습니다. 블루 솔라 워터(67쪽)를 사용해 자주 청소합니다. 싸우면 제 짜증과 분노를 남기지 않으려고 집에게 '미안합니다'라고 말하거나, 블루 솔라 워터로 벽과 가구를 닦으며 정화합니다.

우니히피리와 장 보기

제가 요리를 담당하는데, 제가 먹고 싶은 것과 남편이 먹고 싶은 것이 다르거나, 무엇을 먹으면 좋을지 고민될 때가 있습니다. 그럴 때는 우니히피리에게 '뭐가 먹고 싶어?'라고 묻고 장을 보러 갑니다. 그러면 장 보는 일이 정말 재미있어집니다. 요리도 즐겁고, 식탁 분위기도 부드러워져 대화도 술술 풀립니다!

세탁 & 다리미질

세탁기는 블루 솔라 워터를 조금 넣고 돌립니다. 다리미질은 잘 못하지만 남편 와이셔츠를 향해 '사랑합니다. 사랑합니다'라고 정화의 말을 건넨 뒤 다리미질을 합니다. 남편은 바깥에서 여러 가지 경험을 하고, 와이셔츠는 남편과 함께 있기 때문에 그 기억을 정화하는 것입니다.

잘 자, 우니히피리

잠들기 전에 남편과 TV나 DVD를 보며 이런저런 이야기를 하는 경우가 많지만, 집 안에 나 말고 다른 사람이 있는 것만으로 여러 가지 기억이 재생되기 때문에 잠들기 전에는 제일 마지막으로 침대 위에서 우니히피리에게 말을 겁니다. '오늘은 바빴네'라든가 그날 하루 있던 일을 떠올리며 정화한 뒤에 잡니다. 무언가 일이 잘 풀리지 않는다고 생각될 때는 대부분 위에서처럼 매일 정화되지 않아, 제 안에서 우니히피리의 존재가 사라지는 때입니다. 하지만 다시 정화하면 물의 파장이 넓게 퍼지듯 일어나야 할 일이 부드럽게 진행됩니다.

이것은 당신이 당신과 만나고 마주하는 여행입니다

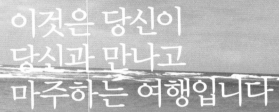

KR

카마일리 라파엘로비치(KR)

SITH 호오포노포노의 창시자인 고(故) 모르나 여사의 첫 번째 제자. 45년 이상 정화를 계속했으며 MBA(경영학 석사)와 MAT(마사지 테라피스트 자격) 자격을 취득했다. 하와이에서는 부동산업에 종사하며, 호오포노포노로 개인과 경영자의 컨설팅, 보디 워크를 진행하며 세계 각지에서 호오포노포노를 주제로 강연한다.

모르나 여사가 전해 준 우니히피리의 존재

오아후에서 SITH 호오포노포노의 창시자인 모르나 여사와 만난 19세 때, 저는 정말 거칠 것 없는 여자아이였습니다. 자유로운 영혼을 가졌으며 누구에게도 지시받지 않는 그때의 생활에 만족하던 저였지만, 처음 만난 그 순간에 저는 그녀로부터 무언가를 배워야한다는 것을 직감했습니다. 그것은 저를 억누르는 것은 아니었습니다. 머리로는 이해할 수 없지만, 미래에 밝은 빛줄기가 보이는 것 같으면서도 자세히 보면 작은 점들이 연결된 선이어서 지금 제가 있는 점과 어떠한 마찰도 없이 연결해 주는 것 같았습니다.

매일 모르나 여사와 함께 시간을 보내며 명상했습니다. 우리는 대부분의 시간 동안 아무런 말도 하지 않았습니다. 우니히피리의 존재, 즉 세 가지 의식의 존재도 명상 중에 모르나 여사가 전해 주었습니다.

지금의 SITH 호오포노포노는 이미지를 말로 바꾸는 작업으로 서서히 형태화되었습니다. 모르나 여사는 말을 정말 아름답게 하는 사람이었습니다. 그러므로 같은 이미지를 가졌더라도 그것을 말로 바꾸는 것은 모르나 여사였고 제게는 마치 마법을 부리는 것 같아 보였습니다. 말이 올바르게 사용될 때, 의식에 생명이 깃듦을 직접 알게 되는 너무나도 귀중한 체험이었습니다.

우니히피리가 보여 주는 기억

펜실베니아에 유명한 기념 공원이 있습니다. 그곳에는 푸른 잔디가 넓게 펼쳐져 있는데, 문득 눈을 감으면 새빨간 피에 물든 황폐해진 토지로 둘러싸이고 함께 있던 가족의 존재가 기척도 없이 사라지는 것 같은 느낌을 받았습니다. 어릴 때부터 어딘가에 갈 때마다 그런 체험을 많이 했습니다. 그것은 제 안의 아이, 즉 우니히피리가 제 안의 기억을 보여 준 것으로, 그 존재를 깨달았기 때문에 모르나 여사가 보여 준 영감(Inspiration)에 대해서는 처음부터 아무런 거부감이 없었습니다. 이것은 제가 옛날부터 특별했다는 의미가 아닙니다. 이 감각은 본래 누구에게나 있습니다.

예를 들어, 누군가와 만났을 때 눈앞에 앉은 사람이 의심할 여지 없는 어린 여성입니다. 더구나 나를 향해 예쁘고 상냥하게 웃습니다. 그런데 왠지 당신 반응이 꽤 날카롭습니다. 미움에 가까운 감

정, 혹은 이유 모를 짜증 같은 것으로 이치에 맞지 않게 그 사람에게 반응하게 될 때가 있습니다. 그런 것은 전부 우니히피리가 당신에게 보여 주는 당신 안의 기억입니다. 이것은 호오포노포노가 어떻든, 영감이 있든 없든, 그건 문제가 아니라 우리가 본래 가진 기본적인 기능입니다. 그렇기 때문에 우니히피리가 존재하지 않는 사람은 있을 수 없습니다.

호흡과 같은 우니히피리

모르나 여사는 호흡을 자주 예로 들어 우니히피리를 설명했습니다. 예를 들면, 뛸 때는 숨을 많이 들이마시게 되겠죠. 그래서 우리는 그것을 생각하지 않더라도 자연스럽게 크고 빠르게 호흡하기 시작합니다. 호흡은 너무나도 당연한 동작이기 때문에 우리는 그에 대해 매일 일일이 생각하거나 감사해하거나 화를 내거나 떠올리지 않습니다.

우니히피리도 마찬가지입니다. 너무도 당연해서 그 기능 또한 너무나 당연하다고 여깁니다. 매우 가까운 존재이므로 평소에는 마음에 두는 일이 없습니다. 그러므로 존재를 느끼려고 해도 모르겠다는 반응이 나타납니다.

'지금까지 우니히피리와의 관계에서 무엇이 가장 인상에 남았나요?'라는 질문을 자주 듣습니다. 제가 생각하기에는 '지금 숨 쉴 수 있는지 아닌지'와 '지금 우니히피리와 날마다 함께하는지 아닌지' 외에 중요한 것은 없습니다. 그러니 지금 떠오른 순간 '사랑해'라고 말하거나, 일상의 문제와 체험을 향해 정화(Cleaning)할 것인지 말

것인지 하는 생각과 마주하시기를 바랍니다.

생각해 보면 제가 우니히피리를 제일 많이 찾았을 때가 있습니다. 바로 제가 임신했을 때로, 저는 늘 누구보다 먼저 우니히피리를 떠올렸습니다. 저의 일부이기도 한 우니히피리는 임신이라는 이벤트에 누구보다 깊이 관여하는 존재였습니다.

그래서 저는 우니히피리에게 말을 걸었습니다. '나는 아무것도 몰라. 몸을 관장하는 네게 맡길게'라며 저를 내맡겼습니다. 그때부터 병원에 가야겠다고 느낄 때는 병원에 갔고, 필요를 느끼지 못하면 가지 않았습니다. 먹는 것도 몸이 먹고 싶다고 느낀 것만을 먹었습니다. 이것을 읽는 여러분께 이렇게 하라고 추천하는 것은 아니지만, 저는 그때 우니히피리에게 정말로 충실하고 솔직하게 그저 저를 맡기는 것만으로도 마음의 편안함을 느꼈습니다.

자신의 체험을 적극적으로 정화

저도 아직 우니히피리의 목소리를 듣지 못한 것처럼 결과에만 의미를 둘 때가 있습니다. 그래서 여러분의 마음도 이해할 수 있습니다.

한 가지 말할 수 있는 것은 정화가 생각보다 정말 간단하다는 것입니다. 숨 쉬듯 자연스러운 일임에도 우리가 정화해야 할 때를 무시하거나 받아들이거나 할 뿐입니다. '모르겠다'라고 하기 전에 단지 정화를 실천할지 말지를 정하면 그뿐입니다.

우니히피리를 돌보는 일은 사실 숨 쉬는 일처럼 자연스럽게 할 수 있습니다. 우리는 학창 시절 '일어나세요', '밥 먹어요', '오른쪽에 선을 그리세요', '여자는 왼쪽에, 남자는 오른쪽에 서세요' 등 여러 가지 지시를 받는 환경에서 오랜 기간을 살았습니다. 또 그때부터 우리는 많은 것을 주변의 탓으로 돌리거나 의존하는 일을 배워 왔습니다.

그러므로 지금 우니히피리와의 관계가 조금 부족하다면 문화, 교육, 학습 같은 것들을 적극적으로 정화해 보면 어떨까요? '이렇게 하지 않으면 안 돼'라는 것은 본래 아무것도 없습니다. 마음속에서 '하지만 그래도!'라는 생각이 든다면 정화할 차례입니다. 우니히피리가 가진 기억을 청소할 기회입니다. 거기에서부터 본래의 당신이 가진 살아 있는 지혜와 요령이 점점 다시 리듬을 찾게 될 것입니다.

자신에게 초점을 맞추어 자신의 체험을 정화하면 좋겠습니다. 모든 것은 내 안의 기억이니까요. 조금씩 조금씩 정화해 나갈 수밖에 없습니다.

어느 날 이런 일이 있었습니다. 코디네이터 타
이라 베티와 교토의 여관에 묵을 때입니다. 여관 슬리퍼가 제 발 크
기와 맞지 않아 맨발로 있었더니 주인 아주머니의 표정이 변하며
'슬리퍼를 제대로 신어 주세요!'라고 무척 화를 냈습니다. 조금 떨
어진 곳에 있는 베티를 보니 저처럼 슬리퍼를 신고 있지 않았습니
다. 하지만 미소를 띠며 종업원과 이야기하고 있었습니다. 혼난 것
은 저뿐이었죠. 이건 두말할 것도 없이 제 안에 기억이 있다는 것이
죠. 아이처럼 '뭐야, 베티도 슬리퍼 안 신었는데'라고 불평하고 싶었
지만 그저 정화했습니다.

나와 우니히피리의 협력법

모든 것은 기억입니다. 우니히피리의 목소리가 들리지 않아
서 정화할 수 없다고 말하기 전에, 이런 식으로 매일 일어나는 자신
의 체험을 전부 정화하겠다는 책임감을 가져 보지 않겠습니까? 그
렇게 한다면 우니히피리를 생각하는 것이 결국은 자신을 위하는
것이라는 실감하게 될 것입니다.

누군가에게 "내 우니히피리가 이렇게 말했어."라는 말을 들으면,
그런 체험을 하지 못한 사람은 '나는 뭔가 잘못됐나?'라고 생각하

게 됩니다. 그런 식으로 비교하는 자신을 먼저 정화해 보세요. 우니히피리는 마치 어린 아이 같은 존재라서 쉽게 이야기하지 못하고, 감각으로밖에 표현하지 못합니다. 그런 점을 위해서 정화합니다.

어느 사람이 이런 이야기를 했습니다. "우니히피리에게 내게 가장 알맞은 아파트를 구해 달라고 부탁했는데 응답이 없어."라고요. 당신이라면 아이에게 아파트를 구해 달라고 하겠습니까? 저는 그렇게 하지 않습니다. 저였다면 우니히피리의 도움을 받으며 함께 아파트를 구할 것입니다.

성인인 우리는 투자의 시점으로 손해인지 이득인지를 판단하거나, 여러 조건을 보며 결정합니다. 그럴 때 이 내면의 아이가 무언가 감각으로 '여기는 조건은 좋지만 뭔가 싫어', '여기는 조건이 완벽하지는 않지만 좋아!'라며 논리적으로는 맞지 않지만 감각을 보여 줍니다. 그럴 때가 정화할 기회이며, 그것이 앞으로의 인생을 크게 열어 줄 계기가 됩니다.

제가 우니히피리와 협력하는 방법은 이런 느낌입니다. 이것은 당신만의 여행입니다. 아무리 주변과 비교하려 해도 의미가 없습니다. 동시에 지금까지 여기저기에서 비교당하거나, 판단당한 일은 누구에게나 있겠지만, 당신과 우니히피리의 관계만은 누구에게도

비교당하거나, 판단당하거나, 결론지어질 수 없습니다. 이것은 당신이 당신과 만나고 마주하는 여행입니다. 작은 일도, 큰일도 모두 당신과 당신의 우니히피리가 자유롭게 선택할 수 있습니다. 아름다운 일만 있는 것은 아니지만 마주하는 한, 즉 정화하는 한 당신은 이미 당신의 인생을 걸고 있다는 것, 그것만은 잊지 마세요.

제가 정화하면서 막다른 벽에 부딪혔을 때, 감정적으로 되어 '원인은 저 자식이다! 나쁜 건 내가 아니야!'라며 조금도 앞으로 나아가지 못할 때, 저는 이런 식으로 돌파하려고 우니히피리에게 말을 겁니다.

"OK! 알았어. 그렇다면 이 일을 언제까지나, 영원히 고민하겠어. 나쁜 건 저 자식이야! 더 괴롭힐 거야!"

대체로 이런 말을 반복하다 보면 제가 이상해집니다. '아, 전부 기억인데' 하고 맥이 빠집니다. 이렇게 약간 맥이 빠진 상태에서 다시 정화를 시작하면 이 과정을 진행하는 동안 언제나 함께 있어 주는 우니히피리가 사랑스러워서 견딜 수가 없습니다. 그리고 '1초라도 빨리 편안해지고 싶어, 좀 더 즐겁고 밝은 일을 함께하고 싶어!'라고 제 안 깊숙한 곳에서부터 기분이 다시 들끓어 오릅니다.

어디까지나 이는 저와 우니히피리의 대화법이지만, 머리로 너무 많은 것을 생각하는 분은 부디 한 번 이 방법을 시도해 보시기를 바랍니다. 진짜 내가 무엇을 선택하고 싶은지를 잘 알게 되는 체험이 될 것입니다.

아무쪼록 당신 안의 우니히피리(잠재의식), 우하네(표면의식), 아우마쿠아(초의식)라는 완벽한 삼위일체의 존재를 잊지 않기를 바랍니다. 그 안에서 멋지게 살아가 주시기를……

근사한 정화의 기회를 주셔서 늘 감사드립니다.

_평화 KR

무지개색 별

이것은 반짝반짝 빛나는 무지개색 별입니다. 떠다니거나, 회전하거나, 신성한 존재 (Divinity)가 주는 영감(Inspiration)에 기초해 자유롭게 돌아다닐 수 있는 도구입니다.

'무지개색 별' 이미지를 떠올리거나, 상상하거나, 말하는 것만으로 정화할 수 있습니다.

상상해 보시기를 바랍니다. 당신은 이 도구를 어디에 사용하고 싶나요? 저라면, 이것을 브로치처럼 상상 속 스웨터나 모자에 달거나, 우니히피리와 함께 원반처럼 던지고 놀 것입니다. 매일 타는 자동차나 전철에 스티커처럼 붙이는 상상을 해도 좋습니다.

떠올려 보세요. 우니히피리는 아이 같은 존재입니다. 우니히피리와 함께 설레는 마음으로, 자유롭게 이 도구를 사용하는 것이 열쇠입니다.

매일매일 우니히피리와 함께 하는 정화에 꼭 사용해 보세요.

무지개색 별_KR